禅 意生活

[日]松原哲明／著
王宁元／译

华夏出版社

图书在版编目（CIP）数据

禅意生活/（日）松原哲明著；王宁元译. --北京：华夏出版社，2017.10
ISBN 978–7–5080–9182-2

Ⅰ.①禅… Ⅱ.①松… ②王… Ⅲ.①禅宗－通俗读物 Ⅳ.①B946.5-49

中国版本图书馆 CIP 数据核字（2017）第 226277 号

禅意生活

著　　者	［日］松原哲明
译　　者	王宁元
责任编辑	梁学超　苑全玲
出版发行	华夏出版社
经　　销	新华书店
印　　装	北京金吉士印刷有限责任公司
版　　次	2017 年 10 月北京第 2 版 2017 年 10 月北京第 1 次印刷
开　　本	787×1092　1/16 开
印　　张	7
字　　数	106 千字
定　　价	39.00 元

华夏出版社　地址：北京市东直门外香河园北里 4 号　邮编：100028
网址：www.hxph.com.cn　电话：（010）64663331（转）
若发现本版图书有印装质量问题，请与我社营销中心联系调换。

目录
contents

起而行之，采桑种麻
——译者赘语，兼论禅是一种实用的生活窍门

第 1 章 成人心灵的慰藉术——禅 / 1
清净从容、悠然舒缓的禅意生活 / 2
成年人心态的 ON 和 OFF / 6

第 2 章 坐禅的方法 / 9
在家坐禅的准备 / 10
开始坐禅 / 16
坐禅的各种方法 / 38
求心不求佛 / 42
心灵与身体是紧密相连的 / 46

第 3 章 净化灵魂的写经 / 49
写经反映"心"的状态 / 50
《般若心经》的教诲 / 54
写经前的准备 / 58
开始写经 / 60
写经的方法 / 62
书法与禅 / 64

第 4 章 素心素食 / 65
心灵的品味 / 66
禅与食 / 68

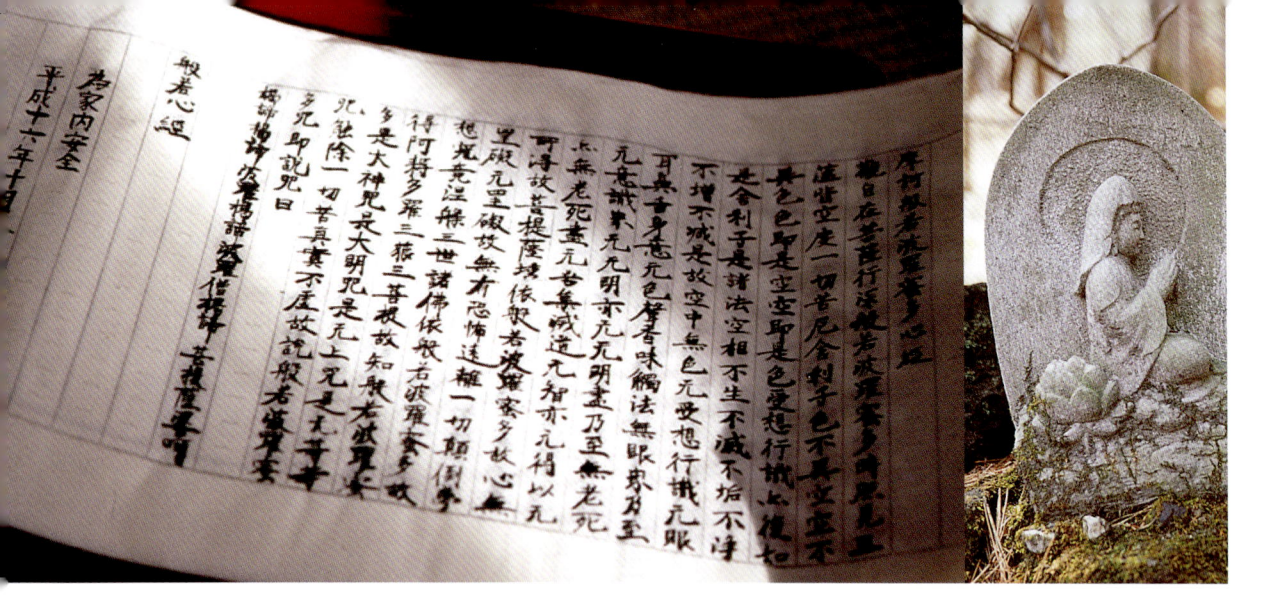

神圣的食器——钵 / 70

一汤一菜 / 72

素食的艺术 / 74

素食食谱 / 76

素食周末 / 86

第 5 章 禅的智慧 / 87

禅的历史 / 88

烦恼与开悟 / 90

柔和的禅语 / 92

第 6 章 出尘的体验 / 96

寺院里的集训生活 / 97

坐禅会心得 / 99

后记 / 102

起而行之，采桑种麻
—— 译者赘语，兼论禅是一种实用的生活窍门

《禅意生活》一书终于面世了，在出版过程中许多人为它付出了辛苦劳动，作为译者想交待一下选译该书的过程和一些感想，也算是与有可能看到该书的人交谈几句。可看作是闲谈琐话，或者根本就是地道的赘语。

该书的日语原名叫《禅の暮らし》，"暮らし"在日语里是生活、过日子的意思。为什么用"暮"来形容生活呢？大概是因为古代缺乏照明手段，人们是日落而息，或者日落必息的。在炊烟升起的薄暮时分，人们习惯性地停止劳作，让辛苦了一天的身心循环到放松的周期，精神和肉体在黑夜里得到静养和休息。这种静寂无争的状态才是真正的生活吧。傍晚有禅趣，所以用"暮"来表达以禅度日，过禅意生活的愿望。

现在，早已有了许多把时间颠倒过来的手段，日落并不意味着黑夜与静寂。许多人被迫或自愿地在日落后仍然延续着白昼的活动，精神和肉体的功能得到了最大程度地扩张，身心的节律也被最大限度地改写。如果用一个字来形容这样的生活，恐怕会是"乱"或"逆"了。现在的人们好像更有必要听听"暮"字所讲述的，生活本来应该是什么样的古来智慧。

以上如果算作破题的话，译者接下来想说说为什么觉得这本书好。

译者接触"禅"字大概是从鲁智深挥舞着的禅杖开始，后来读了一些禅学、佛学方面的书籍诗文，就想进一步去尝试实际坐禅。在日本学习期间便读到了《禅意生活》。

《禅意生活》是一本简明而详尽的坐禅入门指导书，它将禅的奥义化解为具体的行为、姿势、场景和饮食器物等，章节层次详细而不繁琐，大量图照精美而朴素，简明而生动地讲述了人们为什么需要禅，怎样来实际坐禅，以及如何来体会坐禅的美感。

译者多次在国内和日本的图书馆、书店对比了中日禅学书籍的异同，感到国内释禅

理、论哲史类著作汗牛充栋，而日本的坐禅书和词典类则精细耐看。在国内，爱好禅的人可以轻易地从图书馆或书店里找到几十本禅文化的书，却很难找到一本详细的坐禅指导书。

《禅意生活》的特点在于它既有坐而论道、闲话桑麻的禅趣，更具备一种起而行之、采桑种麻的坐禅现场指导的实用性。如果你对禅学感兴趣，想试试坐禅而又不知具体如何去做，《禅意生活》可以告诉你实际的做法。

《禅意生活》中对写经的方法、日常素食和禅寺食谱等内容也有详细、生动的介绍，这是该书的又一个特色。

写经在日本的佛教信众中普遍流行。译者认识一位开木器店的老人，他每天早上用毛笔写《心经》，满一页为止，供到佛像前，焚香合掌。未写完的经文第二天接着写，一直循环下去。译者看到A3复印纸大小，类似宣纸的淡黄色写经纸上，用竖排格式写着经文。因为不懂书法，不知老人的字写得如何，但可以感到字迹是认真而熟练的。再看看佛像前，已经是"集稿盈尺"了。日本医学界有关研究认为，长期写经的老年人免疫力会有所增强，患病后恢复得较快。

禅学者铃木大拙先生在《禅与日本文化》一书中谈到：没有一种宗教像禅那样深深地影响着日本人的生活。素食应该是这种影响的典型代表吧。《禅意生活》一书中对僧人的饭碗"钵"的赞美是独特的，也是由衷的，颇具美感。书中还强调了要吃出食物材料的原味，佐料是为拔出原味而加的，这种观点在家庭烹调习惯上也很值得参考。另外，禅的美感之一就是简约内敛，强调本色。这种美学观点放到饮食上便是物尽其用、不浪费。译者在日本生活了较长时间，无论在学校食堂还是在餐馆，确实没见到过剩饭、剩菜、甚至剩半桌饭菜的现象。

这里再次不避赘语之嫌，介绍两种尽显原材料本味的日本家庭料理。简单易行，若有兴趣可以试一试。

① 日本豆酱汤

原料：日本豆酱（味噌，华堂商场、麦德龙商场或超市进口调味料柜有售）；嫩豆腐；裙带菜；小葱。

做法：锅内置水，根据个人口味将适量豆酱溶化到水中，将豆腐切成方丁放入，烧开后放入用水泡开的裙带菜，稍后放入葱花即可。

注：熟悉做法后可以放入自己爱吃的蔬菜，如白萝卜，芋头等。

② 纳豆拌米饭

原料：纳豆（发酵的大豆制品，华堂商场有售）；小葱；米饭。

做法：盛适量米饭，将纳豆及附带的调味酱

油倒入，再加少许葱花，用筷子搅拌均匀，可拉出长丝即可。

注：据实验结果，充分搅拌（几十次至百次以上），拉丝越长味道越好。不习惯吃葱花可不加。纳豆具有抗血小板聚集、活血化瘀、防止血栓形成的作用，长期食用有益于健康。

《禅意生活》是日本临济宗妙心寺派龙源寺住持松原哲明先生主持编著的。松原先生是当代日本临济宗高僧，著述很多，对汉字也深有研究，曾作《大海一针：从汉字看人生与心灵的存在方式》专著，还曾在日本放送协会NHK的电视宗教时间里讲解《心经》。该节目持续半年，译者有幸聆听了松原先生的讲解，受益匪浅。《禅意生活》的行文富含禅理而又亲切近人，这既与编著者的文学修养有关，更是编著者禅学素养的外现与慈悲心的流露。松原先生说他"很高兴，也很荣幸《禅意生活》在中国出版"。

译者也为能够翻译《禅意生活》一书而深感荣幸，愿该书对于有兴趣坐禅的人们来说，是多多少少"有用"的。同时不得不交待一下的是：译者对禅学的理解及文字水平极其有限，译文中一定有许多不当之处，还请编著者和看到该书的人们多予指教。

记得有一篇纪念文章中谈到：美学家宗白华先生上中学时就爱读佛教经典。有一尊佛像，陪伴了宗先生几十年。这位创造了以生命哲学为基础的宗白华美学、智慧而拙朴的老人，从佛经和佛像上获得了多少生命的感悟呢？

近朱则赤，近佛则慈悲，近禅则寂静而慈悲！

译者 王宁元
2008年9月于北京
wanggifu@yahoo.com.cn

第一章　成人心灵的慰藉术——禅

清净从容、悠然舒缓的禅意生活

　　日复一日的忙碌使我们渴望摆脱日常生活中的喧嚣繁杂，慰藉自己疲惫不堪的心灵。于是，越来越多的人选择了禅意生活。

　　禅，并不仅仅能够帮助我们释放精神的紧张和内心的压力。更有益的是，禅能够在纷繁的日常生活中为我们营造出只属于自己一个人的时间，唤醒内心深处的力量。这是禅真正的魅力！

倾听你自己

　　你是否曾羡慕在乡下田舍的人们那种悠闲自得的日子？看到他们男耕女织、轻松而满足的生活着，你是否会想：如果自己也能够像他们一样过着轻松的日子，给自己的心灵留出一些空间该有多好啊！

　　生活在都市的我们，经常既要负起自己的责任做好本职的工作，又要努力保持好各方面的人际关系，虽然憧憬悠闲自在的生活，却不得不身心疲惫地过日子。于是你就试着在屋子里焚上薰衣草香，或者喝上一杯香茶，甚至去做按摩等等。这些方法也许可以暂时缓和一下紧张的心情，却仍然不能够彻底轻松下来，总觉得差点什么，隔着一层，心里不能通畅透明，好像内心的什么地方梗着一刺一棘。

　　为了能够得到真正深入的心灵慰藉，拥有澄澈宁静的安详时光，在家坐禅或参加禅寺坐禅会的人不断增加。

　　作为修行，禅僧当然是要坐禅的，但是，如果以为坐禅只是禅寺的僧侣们为修行而做的功课，那就大错特错了。为了心情愉悦地度过每一天，无论谁都可以轻松地尝试坐禅。如今，寺院正渐渐成为年轻人寻求心灵慰藉的场所，年轻的男男女女混杂在老年人的群体里参加坐禅会的情景，渐渐已不罕见。

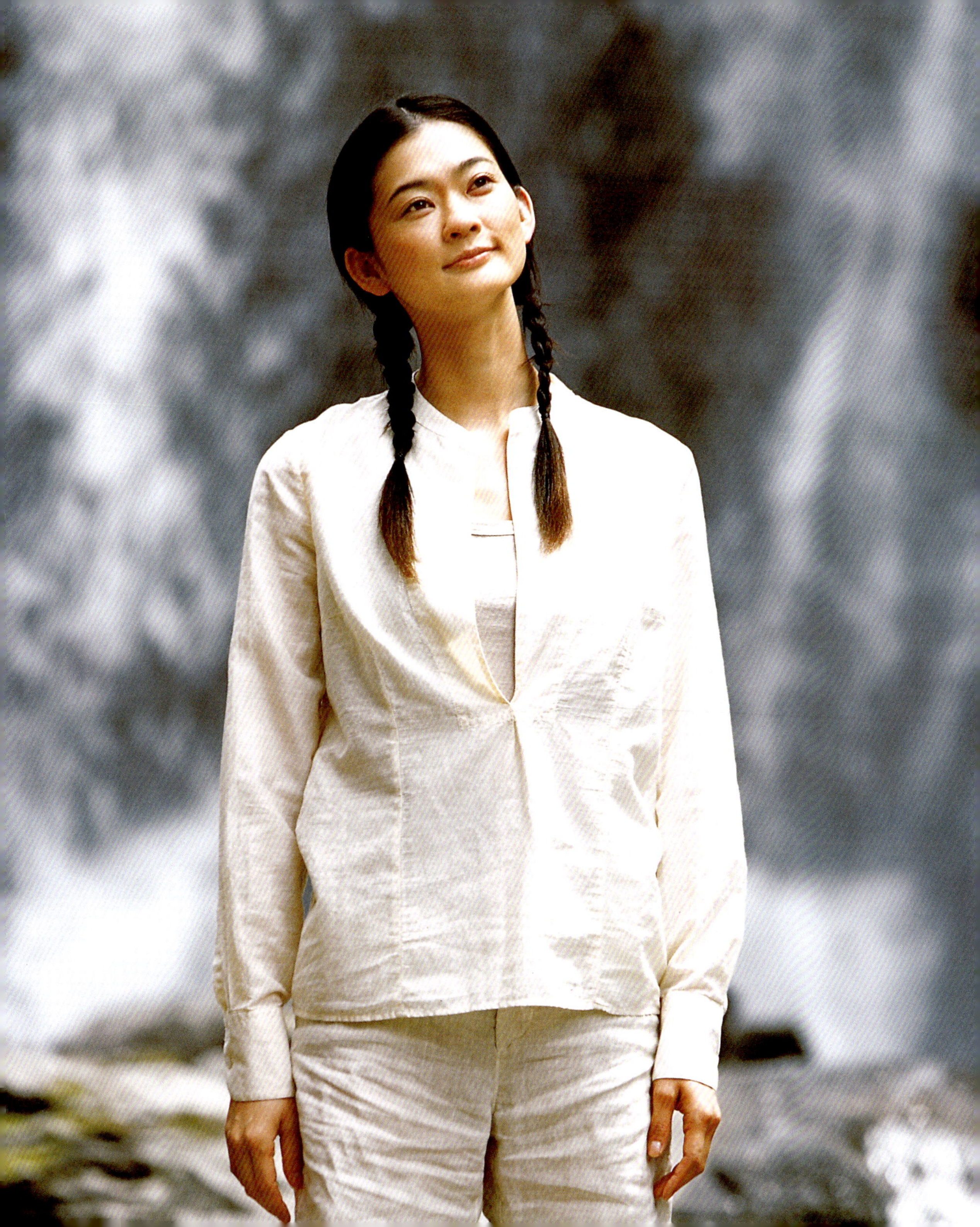

与自己的心面对面

我们通常采用什么方法来慰藉内心呢？大概尽是一些逃避现实世界的方法吧。优美的薰香、清和的一盏茶，以及令身体舒畅的按摩等可以让我们一时逃离现实而获得短暂的放松。坐禅不是逃避，而是与自己正面相向，故而可以得到内心深处的解放。

这里所说需要面对的"自己"，并不是指活在今天和明天的自己，而是隐藏在心灵深处真正的自己，就像在抽屉的最里面，原封原样被慎重地收藏着的自己。这是真正的自己，本来的自己。坐禅的目的便是与这个自己相会，与这个自己面对面。佛祖释迦牟尼说过：我们大家无论是谁，都有一个本来的、清寂安稳的心。坐禅就是为了与这个心相会。

生活中难免会有忍不住的时候。当我们忍不住发火、嫉妒心起、做事情半途而废的时候，我们不禁自问：自己浑身上下什么地方是清爽的呢？那颗清寂安稳的心在哪里呢？

在日常生活中我们会沾染上各种各样的污垢，如果洗涤掉这些污垢，就会和那个清爽的自己相逢。坐禅就是冲刷心中污垢的洗涤活动。

放弃执着即可抖落尘垢

"本来无一物"是一句有名的禅语，它的意思是：人人本来的、具有佛心佛性的心是不生一物于其中的。在我们生存的这个世界里，值得执着、放不下的事情一件也没有。

可以说：如果不颠覆、放弃一些既成的概念和常识，是无法理解这句教诲的。甚至那些与物质存在、自身存在等有关的概念、想法、感情都要被放弃。

不带任何执着、纯洁无垢的孩童的样子，是我们每个人本来的姿态。我们若能寻回孩提时代那颗自然无邪、不曾蒙垢的心，不被既成概念所束缚，对于身边发生的多样事态、双目所见的各种现象，只是无为地接受它们发生和存在的自然形态即可，便可以从烦扰自己的诸多艰难困苦中解放出来。

酿成所谓痛苦，并顽固地认定这就是痛苦的，其实正是我们自己。何人缚汝心？汝自身而已。当我们察觉这一点时，就能够体验到无拘无束的自由心境了。

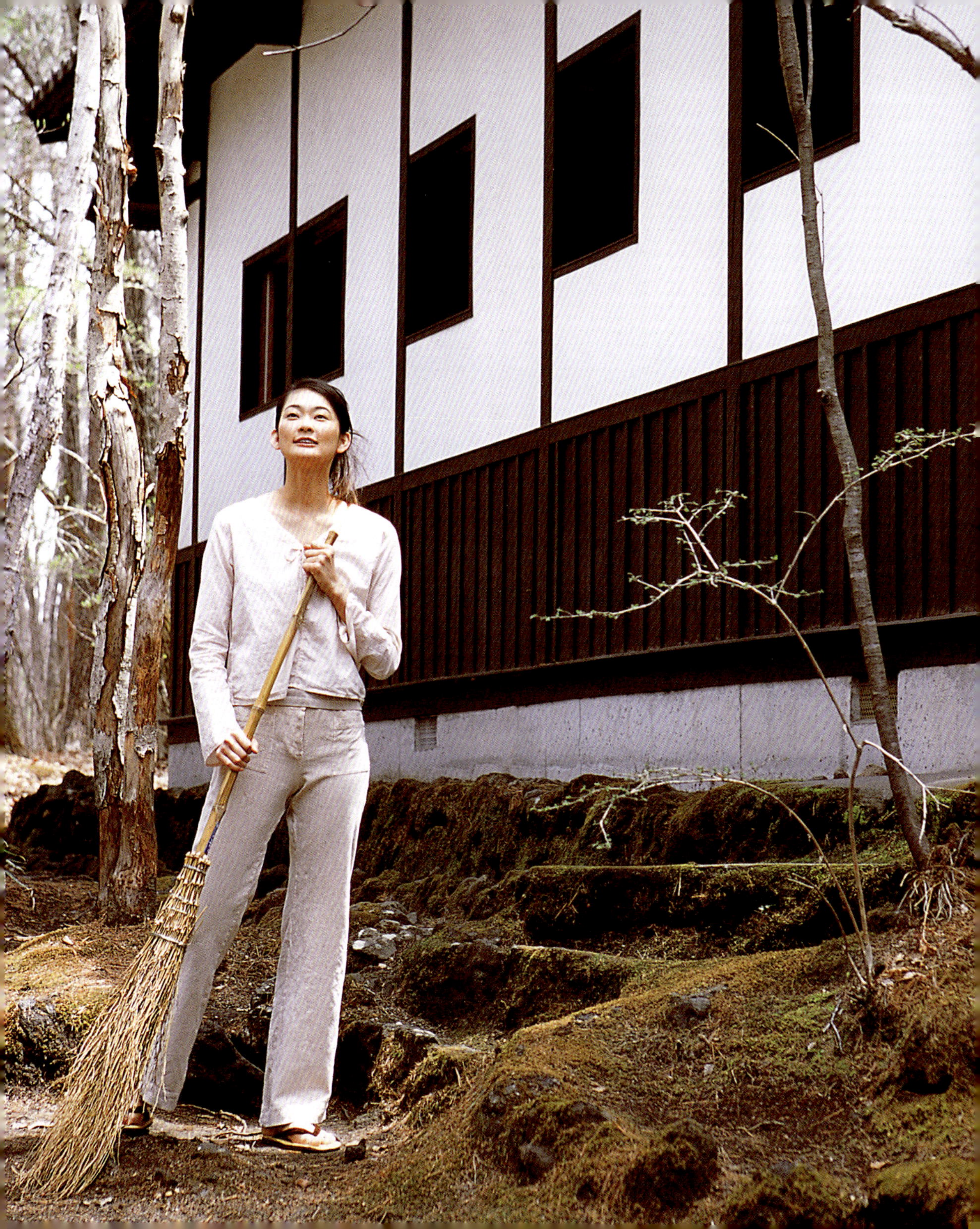

成年人心态的ON和OFF

内心平静的人,不会为一些小事而心神不宁,即使遇到再难的问题,也能够做出准确的判断。

为了得到平静的心,把禅的精髓带进日常生活中来吧!

简洁素朴地度过当前的时光

日常生活中我们经常有被某件事追赶着的感觉,诸如:这件工作必须本周内完成;最晚下个月得定下搬家的事;近来身体不舒服,莫非有什么大病?明天一定要去医院等等。这让我们不得清净。其实,这些只是我们对未发生或者可能要发生的事情有一种不安和恐惧而已。

坐禅可以使我们的精神达到寂静的状态,心灵虚空不着一物,心理也会起变化。这时,对搬家的事就会觉得"过一阵子才办的事现在着急也没用";对身体的过度忧虑就会被"又没有大病,却这样心怀恐惧甚至想到死亡是想过了头"的想法所取代。

为了能以安稳的心态度过每一天,不仅是经常坐禅,还要把禅的精髓带进日常生活中来,以禅的心态做每一件事。

有一句禅语"步步是道场"。意思是说:如果一步一步在意地走,每一步都会成为修行的道场。不仅是坐禅,每天的生活,如洗漱、做饭、吃饭、清扫等都是修行。

营造一段"无心"的时间

不仅仅是坐禅的时候,在日常生活中也应努力保持心态安宁的状态。这能帮助我们得到清爽而有价值的人生。

譬如,坐禅时为了放下执着,要一心一意地投入到"无"的状态。在做画、写毛笔字时,我们也会很自然地进入到心无旁骛的"无心"状态。类似这样什么也不考虑,全

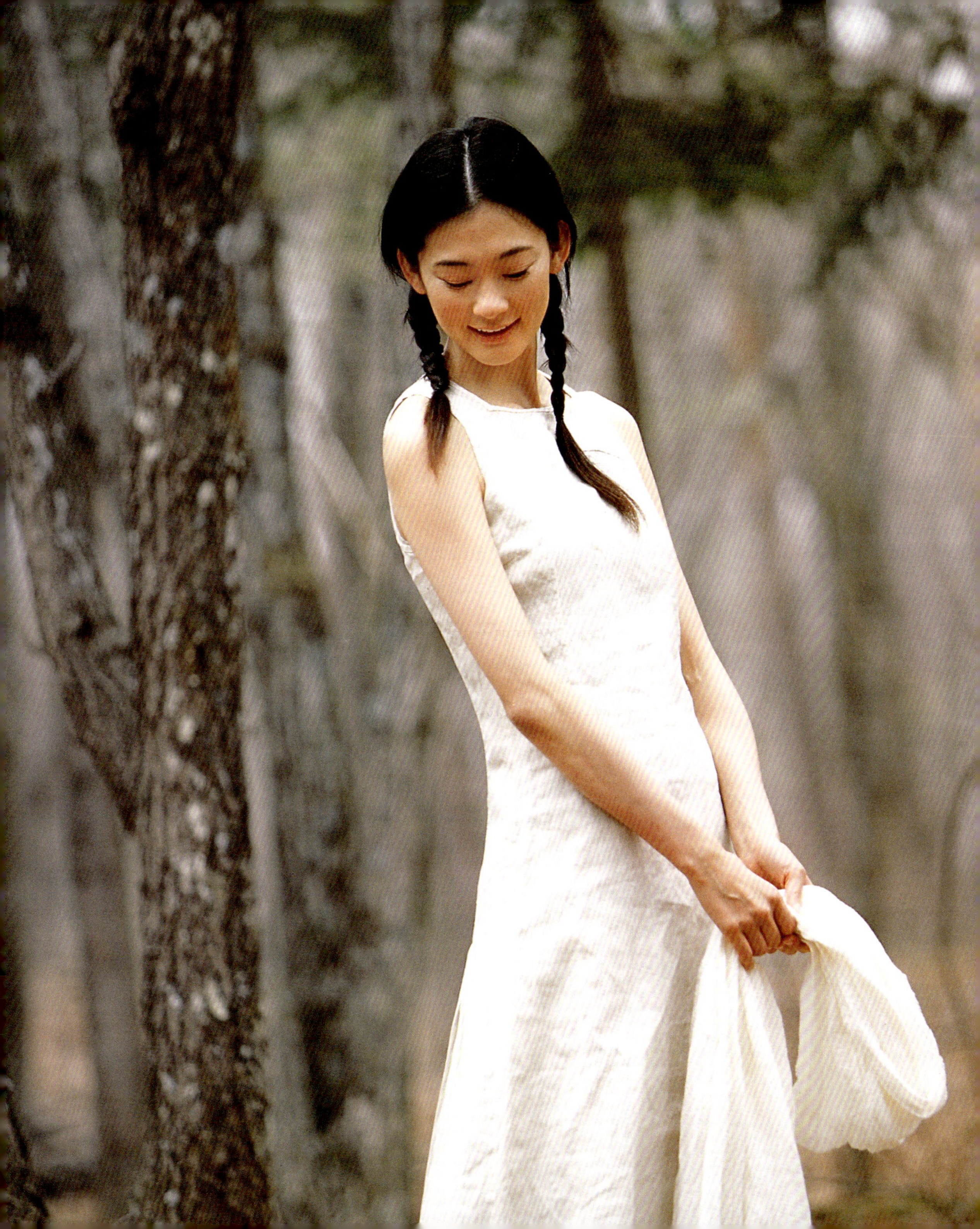

神贯注地投入的时间是很重要的。

当我们怒气冲冲的时候，去干像挖土翻地这样的活儿，可以暂时忘掉生气的事情。当活儿干完后，不良的情绪便会变得淡薄，对于惹自己生气的人、引发烦恼的事，也就不太在意了，甚至会产生"刚才有那么回事吗？"的感觉。

体会禅的乐趣

已经体会到禅乐趣的人们能够感觉到在写经和进食素食时那种安静的心情，并且能够主动将这种感觉带到日常生活中。

所谓写经是指抄写《般若心经》。虽然只是一边看着经书，一边抄写二百七十六字的经文，但在一个半或两个小时的时间内集中精力一直写下去，当抄写完毕时心情就会变得清爽如洗。一字一句地抄写，一点一滴地感受佛心的存在，这便是写经的意义。

如果心里还残留着烦躁的成分，写出的字和经书相比就会不一样。例如昨天被某人说了一句什么，在脑子里挥之不去，或心里要考虑今天的安排，精力不能集中，写出的字便不能安稳，会乱起来。所以说写经能反映出书写者的心境。

相反，一心一意地写经，即使写出的字不如经书那样好看，也会在字里行间隐含着无言的"心"与"力"。被经文所触动的心在胸膛鼓动着，会产生一种很愿意以温和的态度去接人待物的感觉。

素食是指在寺院里可以吃到的、没有鱼和肉的食物。食用素食可以说是我们轻而易举就能做到的在家修行的好方法。据说食肉时会生出争斗之心，而以蔬菜为主的饮食可以使心情安稳，即使遇到麻烦事也能够心平气和地处理好，而不会心绪繁乱。

素食极其清淡，强调要吃出原材料本来的味道。调料的作用是引出原材料的特点，而不是再添上某种味道。过于咸的饮食会使我们产生心变粗狂的感觉，清淡的味道能维持心绪的有条不紊。

坐禅、写经和素食等蕴含着禅意的生活方式，能使我们疲惫的心安静下来。

第二章 坐禅的方法

在家坐禅的准备

其实并不需要特别花功夫来进行坐禅的准备。

只要了解一些简单的知识，稍稍布置一下环境，准备几样能使心情平静下来的物品，便能够营造出一段美妙的时光，使你的心灵和头脑从那些挥之不去的烦乱和不愉快中解脱出来。

营造一段惬意而美妙的时光

准备坐禅时，最重要的莫过于要有想坐禅的愿望了。也许有人虽然一直想尝试坐禅，却一次也没有真正坐下来过。

舒适的坐垫、安定心神的线香、温柔的烛光，单是放置好这几样东西，心里就已经有了安静舒畅的感觉。准备齐全中意的物品后，在家坐禅就可以成为一种生活习惯了。坐禅的准备工作就好比是一个开关，可以轻松地关闭我们身心忙碌的状态。

营造了坐禅的气氛之后，为了更好地度过这一段悠然、安详的时光，我们要尽量让自己真正集中精力，不要受到各种思绪和外在事物的干扰。

因吃得太饱而产生的饱腹感很容易招来瞌睡虫，而且会使我们无法气沉丹田。当我们的肚子接近空的状态时，头脑是最清楚干净、澄澈而敏感的。但如果处在饥饿的状态下，就难免会有类似"一会儿去吃什么"、"昨天的意大利面真好吃"这样的想法。所以，在七八分饱的状态下开始坐禅比较理想。

在睡眠上也要注意，过度的睡眠会引起怠惰的感觉，睡眠不足又容易困倦。如果在这种状态下坐禅，都不易集中精力。

在黄昏钟声敲响的时候（傍晚4点～6点）坐禅是最好的，但在日常生活中未必可行。那么不必拘泥于这个时刻，选择自己方便做到的、喜欢的时间来坐禅也是不错的选择。

总之，以保持愉快的心情为目的来进行坐禅的准备工作，便会自然而然地产生很想坐下去，认真地度过这段时光的想法。

场所

在家里坐禅时最好把场所固定下来。我们可以选择一个最能静下心来的地方，畅亮通风、有柔和的阳光射进来是最好的。当然还需要有能放下一个坐垫的空间。

新鲜的空气和安静的空间

无论你是独自居住还是和家人生活在一起，都应该可以在房间里找到一处能静静坐下来的地方。也许是房间的一角，也许是餐桌前的座位，并不需要很大空间。即使是在比较零乱的房间里，稍微收拾一下，也就可以整理出一处能放下坐垫的地方了。

场所定下来后，让我们尽量营造出一个安静的环境吧。在坐禅的时候我们应该关掉电视和收音机，并且切断电话。然后打开窗户，把秽浊的空气从房间里赶出去，呼吸一下新鲜的空气。单是这样做，就会使我们身心愉悦。

将分散注意力的东西置于视线之外，如果有来不及收拾和洗涤的物品，暂时用布遮盖住也是个好办法。面向拉上窗帘的窗户坐禅是不错的选择。眼睛看不到多余的东西，心就会自然而然地镇定下来。

坐起半帖，躺下一帖

"坐起半帖 躺下一帖"这句话的意思是说：坐起来半占张席，躺下占一张席，一个人生活所需的空间有这么大就足够了。在寺庙里分配给一个僧侣（也叫云水）的被子称为"单"，其面积也就是一帖草叠席大小。白天用于放置自己的行李，晚上铺开就寝。一天中数次坐禅也都在这张"单"上。

僧侣所有的活动都在"单"中进行。我们在家中坐禅的时候，有一个"单"大小的地方也就足够了。

坐垫

坐禅时可以选用坐上去很舒服的坐垫，其的大小以盘腿而坐时双膝不超出坐垫边缘为合适。

用坐垫使身体安稳

坐垫的摆放以能够使身心安定为目的。

我们在坐禅时需要使用两个坐垫，先将其中一个从中间折叠一下，再把另外一个坐垫放在折叠的坐垫的上面，使它的一半与折叠的坐垫重叠。这样做的目的是使臀部的位置略高于地面，因为如果坐在平坦的地方，脊背是弯曲的，不易保持背部肌肉伸直的姿势。

也可以将靠垫折叠，再在上面放一个靠垫，垫在臀部下面。因为要使腰部伸直，使用厚一些或有一定硬度的东西较适宜。

据说佛祖释迦牟尼坐禅时，就是在凉爽的树荫下堆放一些柔软的草，再放上石头垫高臀部。

如果没有坐垫，也可以用靠垫垫在臀部下。

在没有草叠席的房间，可以尝试使用植物编织的坐垫营造自然纯朴的气氛。

临济宗和曹洞宗的坐禅方法

临济宗和曹洞宗（详见第5章）是如今禅宗的两个流派，两者都用坐禅的方法来接近佛祖释迦牟尼所悟之道，但具体做法却有所不同。坐禅时，临济宗是两排修行者相对而坐，而曹洞宗则是修行者面壁而坐。两者使用的坐垫也不同，临济宗是使用两个四方形坐垫，曹洞宗则用一个圆形、稍硬、较厚一些的坐垫。坐禅过程中懈怠时被"喝"和"警策"的方法也不一样（详见第5章）。临济宗是在禅堂坐禅，在食堂就餐，而曹洞宗坐禅和就餐都在禅堂进行。

房间的亮度

比起过于明亮的环境，稍微暗一些的环境更可以带给我们舒缓的感觉，但过于暗的环境又容易诱发睡意。因此，将坐禅时房间的亮度保持在微微有亮光的程度比较合适。

这样的和式灯应该是一种很好的间接照明。

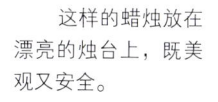

这样的蜡烛放在漂亮的烛台上，既美观又安全。

初升的太阳和傍晚的落日提供了最好的光线

当自然光恰到好处地照进房间时坐禅是比较理想的，但是能够在这个时间里从容坐禅的人实在是太少了，那就自己制造出恰到好处的光线来吧。

当阳光过于强烈时，可以拉上窗帘，需要的话还可以再在窗户上加盖一层薄布。当太阳落山后，我们可以将灯光的亮度调得暗一些，或者关掉主要照明灯，使用间接照明的微弱光线。

在灯光照明不能调节时，使用蜡烛别有一番风味。蜡烛的光柔和、温暖，可以营造静谧亲切的气氛。如果使用芳香蜡烛或加入蜂蜜的蜜蜡烛，则更多了几分情趣。

点燃一支香蜡，就好像按下了变换心情的按钮。

上厕所也是修行

上厕所是不能委托他人来做的事，对于修行者来说厕所是唯一的个人隐私空间。

因此在厕所要考虑"慎独"的重要性，必须保持安静，禁止说话。生活的所到之处都是修行的场所。

13

服 装

坐禅对服装没有特定的要求，但还是应该选择那些比较宽松而非紧裹在身上的衣服。穿上用天然材料制成、清爽宽松的衣服，慵懒放松的感觉便油然而生。

从手表和戒指的"束缚"中解放出来

身上佩带的饰品容易分散我们的注意力，在坐禅前都要摘下来。这也是整理装束的一部分。

推荐穿宽松的衣服坐禅，不仅是因为这样可以使情绪放松，还因为当衣服紧裹住身体时，腹部没有活动的余地，被勒住的皮肤还不时会发痒，分散我们的注意力。

如果穿着平时的服装坐禅的话，就需要解开纽扣、松开皮带，并且把身上有可能分散注意力的东西，包括手表、眼镜、手镯和戒指等都摘下来。还有，即使在冬天也可以脱掉袜子或弹力袜，带着一身的清爽开始坐禅。

推荐这种不是紧裹在身上，宽松的裤子。

天气冷时，可披上披肩或围巾。

时间

刚开始坐禅时没必要一次坐太长时间，在自己感觉心情舒畅的范围内即可。过度的坚持并不好，会形成坐禅必须"努力"和"坚持"的误解。当我们能够体会到坐禅所带来的愉快心情时，坐禅的时间就会自然而然延长了。

这种名为"禅"的香，更能够营造悠然的坐禅气氛。

可以用自己喜爱的器皿放入盐或碱面，作为插香的器具。

可以计算时间的不仅是钟表

坐禅最重要的是要有愿意坐下来试试的心态。当坐到地板或草叠席上时，也许会有一种久违了的熟悉的感觉。找到这种心情舒畅的感觉之后，就可以一点一点地延长坐禅的时间了。

目标：

· 初学者 10 分钟

· 中级者 15 ~ 20 分钟

· 高级者 30 分钟

坐禅时没必要用钟表计时。顺其自然地延长时间，就会在不知不觉间达到能够坐 30 分钟的程度了。

一般情况下，30 分钟被认为是保持一定紧张度的极限。即使能够长时间坐住，也应该以 30 分钟为限，安排 5 分钟的休息后再继续。

一炷香的时间

如果坐禅时有不知道时间就坐不下去的情况，可以用线香作为衡量时间的工具。有时在修行道场也以"一炷"，即一炷线香燃烧的时间（约 40 分钟）作为一次坐禅的时间。

在家坐禅时，刚开始时如果想以三分之一炷香为时间标准，则可以事先把香折断，取其三分之一的长度燃烧。如果使用质量好的香，其散发出的香气也有抚平心绪、洁净身心的作用。

开始坐禅

坐下来，一心一意地、静静地审视自己，便是坐禅。

在日常生活中，我们的每一天都是在忙碌中度过的，即使是短暂的平静也几乎成了奢望。

其实，越是忙碌的时候，越有必要为自己营造出一段平静舒缓、悠然自得的时间。

只是坐一坐，举止就会变得凛凛清雅

虽说只是坐下，但坐禅的"坐"毕竟还是和我们平日里随意的坐有些不同的。

坐禅时的坐姿主要有结跏趺坐和半跏趺坐（详见第24页至第27页）两种，无论哪一种姿势都是为了保持身体安稳、血脉畅通，并使心情平静，注意力不易被分散。为此，对于坐禅时手的姿势、视线和呼吸的调节方法等都有非常简单明了的规定。

即使是按照规定的姿势坐下来，也并非马上就能够体验到坐禅的真趣。其中的意味是需要在过程中慢慢感悟的。坐禅是一种不能有所求的活动，只是"空心"而坐而已，却可以在过程中渐渐感觉到其神奇的效果。

坐禅时背部的肌肉伸展，是一种很优美的姿势。姿势端正之后，人也就具备了举止凛凛清雅的基础。

坐禅对呼吸的调节可以促进血液循环，带来健康和美容的效果。深深的丹田呼吸还可以提高注意力的集中水平，增强我们的思维能力。

合掌行礼能帮助我们发现自己单纯而温和善良的心，并学会对他人表达感激之情。

坐禅是随时随地都可以进行的。一旦记住了坐禅的方法，无论是站立、行走还是躺着都可以做。

排除一切杂念，"空心"而坐，说起来好像很简单，却也有不易入静的时候。所以要借助一些方法使心"空"下来，如数呼吸的"数息观"等（参照第39页）。

坐禅很容易被人们误认为是一种宗教修行，其实，对于不信仰宗教的人而言，坐禅也是一种简便易行的、可以改变心境的方法。它能够帮助我们从紧张的情绪中解脱出来，给自己一个真正面对自己的机会。

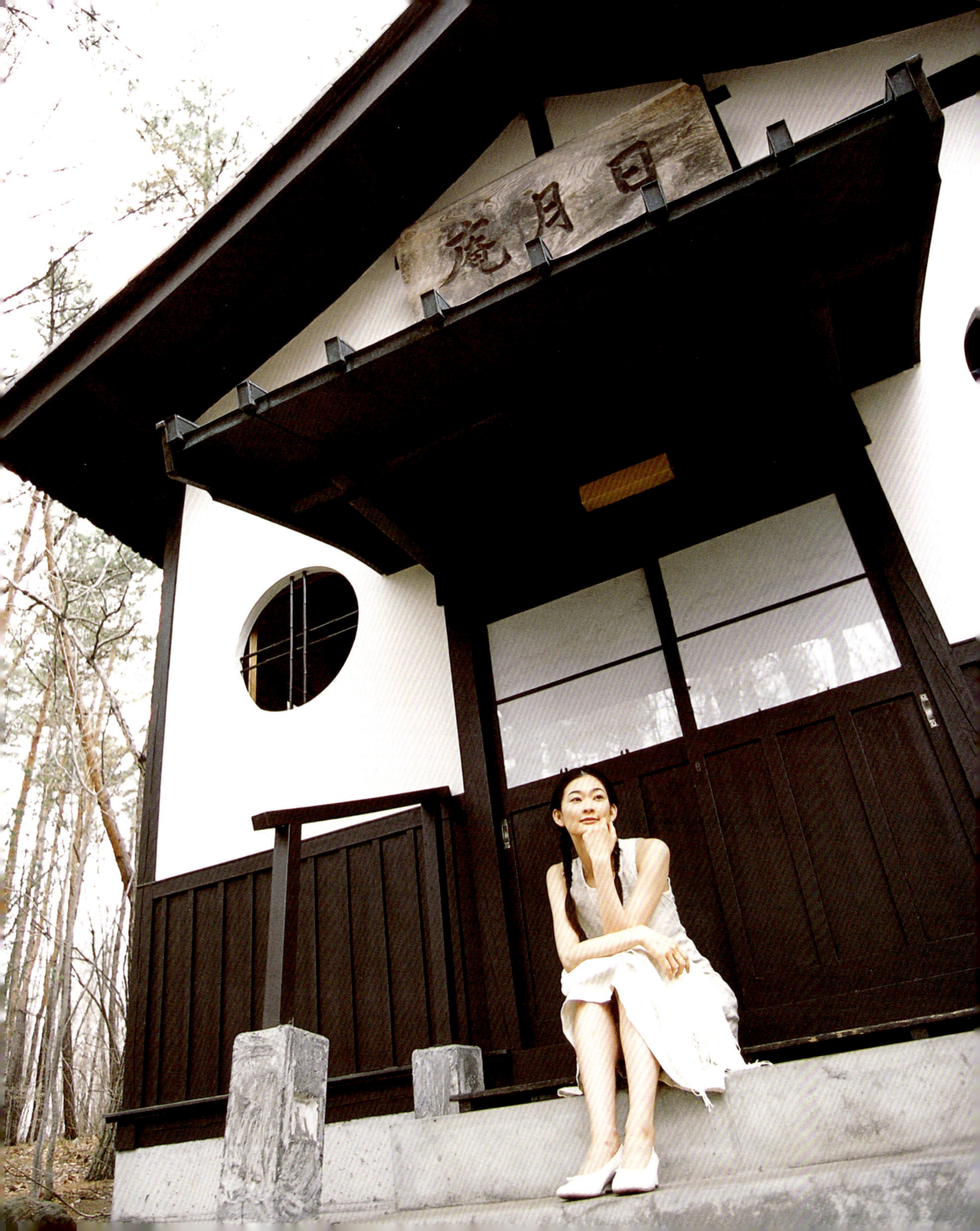
日月庵

合掌一礼

当我们双手合十，低头行礼时，就会感觉到认真的态度油然而生。

在日常生活中准备坐禅时，不妨带着"现在进入坐禅时间"这样的想法合掌一礼，作为变换心情、开始坐禅的信号。

心情变换的按钮——合掌

合掌时要先把背部挺直伸展，然后双手合十。合掌的"掌"字是指手掌，又指手心。所以，合掌不止是两个手掌合在一起的动作，更代表了两心相印的意义。那就怀着与佛合为一心的愿望合掌行礼吧，仅仅是这一个动作，就会使我们的心变得虔诚而清肃。

合掌时要注意：双肘不要触到肋部，头要低下来，双手合在一起的高度以指尖与鼻子平齐为准。双肩要放松，不要紧张用力。但也要注意不能放松过度，防止出现颈部无力、头部下垂、手腕位置过低、手指向下的情况。

行礼时从脐部弯曲身体，低头行礼，鞠躬到 45 度左右就可以了。此时手要保持在与面部平行的位置，两肘不能张开。

这一套动作看似复杂，实际上，只要在合掌行礼时怀着一颗谦虚的心，就会自然地深深低下头来，肘部也就不会张开了。

手势是第二语言

在禅寺的生活里，手往往起到代替口来表达某种意思的作用。比如，合掌除了表达感谢之外，还含有尊重对方的意思。

在食堂就餐时如果表示"已经够了"一般也用手势。接受饭和汤时要合掌，表示"不需要"时，可以低头或者噏一下合掌的手指。

合掌一礼

1. 双手合掌于面前。
2. 从脐部弯下腰行礼。

调身——腿和脚的姿势 ①

调身是指调整身体的姿势。

行礼后，坐下，然后调整坐禅的姿势。

如果腿脚的姿势不正确的话，身体就容易不安稳。

如果身体不能得到平衡、安稳的话，马上就会注意力分散，不能够安静地坐下去。

如果身体的姿势安稳，心也会安定下来

坐禅最理想的姿势是结跏趺坐，这种姿势便于长时间保持身体安稳。

"结跏"是两足交叠的意思，"趺"是指脚背。把双脚的脚背放在对侧大腿上就是结跏趺坐。

衡量结跏趺坐是否正确，就要看两膝放在坐垫上时的力度是否相同。另外，还可以看两膝盖和臀部中心这三点的连线是否构成一个等腰三角形。结跏趺坐姿势做好后，要认真地将背部肌肉伸直，腹部向前挺出，根据感觉调节姿势。

结跏趺坐时双脚的交叠次序不同，其称呼也不同。右脚放在上面时称为吉祥坐，左脚放在上面时称为降魔坐。"吉祥"表示好兆头，"降魔"是降服恶魔的意思。

在家坐禅时，不必固定采用哪一种坐法，每次坐禅可以任选一种。在坐禅的过程中如果感到腿脚酸麻也可以更换坐法，这样利于恢复并保持内心的平静。

敲响柝板是活动的信号

在寺院，坐禅的开始与结束不用口头通知，而是使用敲打柝板（木梆子）的声音来传达。

另外，告知天亮和日落的开板、通知到大殿集合的殿钟、表示诵经开始和结束的大磬等，都是寺院表示各种活动的声音信号。

根据这些声音，僧侣们机敏而无声地进行着相应的活动。

结跏趺坐

1. 盘腿坐下。
2. 两手将右脚挪向下腹部。
3. 使脚心向上，将右脚置于左侧大腿上。
4. 同法，将左脚置于右侧大腿上。

* 也可以先放置左脚再放置右脚。

调身——腿和脚的姿势 ②

腿脚的姿势之所以重要，是因为如果姿势不对，身体不能不能保持安稳，心里就安静不下来。

根据每个人不同的身体状况，也可以采用只将一只脚放在对侧大腿上的半跏趺坐，以及坐在椅子上坐禅的方法，不必拘泥于结跏趺坐。

适用于身体较硬者的方法

结跏趺坐对于初学者和身体较硬者是比较难的姿势。结跏趺坐虽然可以使身体安稳不易摇晃，但如果硬着头皮勉强做，就失去坐禅的意义了。

对于初学者和身体较硬者，还是半跏趺坐比较容易一些。认真地做好半跏趺坐也能达到安定身心的目的。可以先采用半跏趺坐的方式，习惯后再尝试结跏趺坐。

半跏趺坐的方法是：将右脚置于左侧大腿上，或者将左脚置于右侧大腿上。但无论选择哪一种姿势，两膝盖要切实地落在坐垫上，而不能跷起、悬空，这是使身体保持安稳的要点。

如果从正上方观看，两膝盖和臀部尾骨三点的连线构成一个漂亮的等腰三角形，这便是正确坐姿的标志。

端正跪坐或坐在椅子上也 OK

在不能做结跏趺坐或半跏趺坐的情况下，也可以采用端正跪坐或坐在椅子上的方式坐禅。跪坐时体重会加重腿和脚的负担，在两腿间夹一个折叠成二分之一的坐垫或靠垫会舒适一些。也可以将两膝盖稍微分开，两脚的拇指重叠而坐，也可以构成稳定的三角形。

如果不擅长端正跪坐姿势，那就端正地坐在一张硬椅子上坐禅吧。

如果两膝盖不能切实地落在坐垫上，可以调整一下坐垫的位置，也可以把臀部的一半坐在折叠成二分之一的坐垫上，这样便可以安稳下来。但如果坐得过深和过于靠后，反而不利于身体的安稳。

半跏趺坐

1. 盘腿坐下。
2. 将右脚放在左腿跟部内侧。
3. 两手将左脚挪向下腹部。
4. 使脚心向上，将左脚置于右侧大腿上。

* 盘左腿或者盘右腿都可以。

调身——手的姿势

右手表示佛祖，左手表示大众，据说把两只手重叠起来表示与佛祖的心合而为一。所以，把手叠合起来自然就能够做到心里安静了。

放松肩部，用轻松的心情来做

手的姿势叫做印相。坐禅时最一般的印相称为法界定印，也叫禅定印，或坐禅印。据说佛祖释迦牟尼开悟时就是持这样的法界定印进行冥想的。

法界定印的具体作法是：使手掌向上，将左手放在右手之上，两手拇指相互靠近，直至指腹即将相触的程度，使双手形成一个完美的圈。

看上去简单，实际上要保持这样的姿势，却是有难度的。稍微有一点精力不集中，姿势就会变形。如果手松弛无力地耷拉着，即使再着意调整，全身的姿势也会走形。

这里推荐给大家一个窍门，就是想像着手心里轻轻地握着一个鸡蛋，有利于保持双手形成圈的姿势。

坐禅时手可以靠近下腹部，肘部不要紧贴着身体，肩部放松，不要用力，同时放松心情。当我们保持这个姿势时，就会切实感受到结跏趺坐使身心安定的重要性了。

如果把印相完美地持续保持住，身体和心灵都会自然而然地产生一种适度紧张感，背部肌肉自然也会笔直地伸展开来，有助于我们继续保持优美的坐禅姿势。

初学者可以使用结手的方式

如果初学者感到法界定印较难，可以改用结手的方式。

右手的拇指和食指做成一个圆，左手的拇指插到圆里去，然后握住右手。用左手覆盖住右手，然后将左手的小指稍稍往里握住即可。

法界定印

1. 将右手手心向上置于腿上。
2. 将左手也同样手心向上置于右手上。
3. 双手拇指相互靠近，直至指腹即将相触的程度。

调身——优美的坐相

我们可以通过调整身体的位置和姿势，使坐姿保持各个角度的平衡，呈现出优美的坐相。

保持腰部稳重有力的坐姿，想像凛凛而立的山峰形象，并把它作为理想的完成形。

调整姿势，肩部放松，感觉用丹田来支持身体

坐禅时可以用摇振的方法调整身体的位置。保持手和脚的姿势不变，身体像钟摆一样摇动。首先，较大幅度地左右摇动，然后一点一点地缩小振幅，摇动的幅度渐渐变小，并自然而然地停止摇动。然后，再用同样的方法前后摇动身体，并最终找到身体的重心。重心确定之后，伸直腰部纠正姿势，下腹部稍稍前挺，挺起胸，使脊柱直立，颈部挺直，下巴往回收。

优美坐相的判断要点是：耳和肩的连线以及鼻尖和脐的连线要垂直向下。注意不要发生中心线向一侧倾斜，身体前倾或下巴上翘的情况。挺胸过度会给人一种威严却不够谦逊的感觉，这是应该避免的。

最重要的一点是：身体的姿势安稳之后，要避免使用不必要的力量，也就是不使多余的劲儿，尤其注意不要在不知不觉间为了伸展背部肌肉而使肩部过于用力。

肩部放松，丹田就自然地充满气力，这就是理想的状态。

像柳枝一样柔软

摇振时应该像柳枝那样悠悠地摇摆。此时要将上半身的力气全部除去，很自然地稳住下半身，在摇摆中找到身体最合适的位置。

摇 振

1. 将身体左右大幅度摇摆。
2. 渐渐减小振幅,寻找身体的重心。
3. 用同样方法前后摇摆,找到最合适的位置使身体安稳下来。

调身——视线

坐禅时眼睛的视线要像佛和菩萨那样，维持着半眼（眼睛半开）的状态，将视线落到一个固定的地方。

其中道理做起来就会明白，与全开眼睛时不同，眼睛半开时心情会自然地变安静。

注意不要在视线所到之处放置容易分散精力的东西。

既是不看，又不是不看

半眼虽然是指眼睛半开的状态，但也没必要生硬地闭上一半眼睛。将视线投到前方1.5米左右的地方，不要紧紧地盯着那里，而是眺望似地慢慢看过去。这样眼睑的紧张感就会自然消除而变成半眼状态。

不要过度地在意是否变成了半眼状态，放松地往前下方看过去就可以了。

半眼的状态下，视野会变小，使我们更容易在坐禅时集中注意力。但在尚未习惯时，也许会出现头下垂、眼睛紧张疲劳的情况。当有这样的感觉时，不妨调整一下身体吧。

对半眼状态习惯之后，身体和心情都会变得轻松起来，甚至会产生这样的感慨：平日里很多我们太过关注的事情，其实是可以不看、可以不想的。

或许会有人想到：如果全闭上眼就更可以遮断多余的杂念，会不会更利于集中精力坐禅呢？其实不然。当眼睛完全看不见时，各种各样的记忆和想法会一个接一个地涌现出来，特别是在坐禅初始阶段，会使我们进入一种距冥想相当远的状态。再者，闭上眼睛后，瞌睡虫找上来，昏昏沉沉地就进入梦乡了，还是别这样做为好吧。

> **佛像的眼是半眼**
>
> 看佛像时，会感觉佛祖释迦牟尼好像是在闭着眼，其实是微微张开眼向下看着呢。
>
> 佛祖释迦牟尼也是在半眼的状态下坐禅、排除杂念，终于在北印度佛陀伽耶的菩提树下开悟了的。佛的半眼被称为：既能看到外在可见世界又能看到内心精神世界，用温柔的目光瞭望人间的眼睛。

半眼

将视线投到前方 1.5 米左右的地方。

1.5 米

调身——口的调整

自然上翘的嘴角，好像飘着柔和的微笑，看上去使人产生安心感。

坐禅时不做口式呼吸。嘴角不过于松弛，也不过于紧张。

让我们的坐禅从柔和的微笑开始吧。

闭上口却不要忘记微笑

口式呼吸是指用嘴呼吸。口式呼吸是万病之源，有口式呼吸习惯或经常不知不觉地半张开嘴的人要有意识地闭上口。

虽然加以注意，但还是有些人很难完全改掉口式呼吸的习惯。在这里教给大家一些改正的窍门。

其实自然地闭上口十分简单，当舌尖轻抵上齿内侧的齿龈交界处时，上下齿也就自然地咬合在一起了。或者，当我们想自然地闭上口时，只需上前齿轻轻地咬住下嘴唇就轻易地做到了。另外，将嘴角轻轻地向两边扩展，带着模仿佛和菩萨稳重微笑的心情飘出一个微笑，也是改正口式呼吸的一个好办法。

坐禅时全部使用鼻式呼吸，口是闭合的。俗话说"嘴巴呼吸百病生"，即使在日常生活中也养成鼻式呼吸的习惯吧。

关于闭口

对于经常张口呼吸的人，有时会感觉做到自然闭口有些困难。但只要有意识地注意舌头的位置，就不会有问题了。将舌头轻轻地抵住上前齿，口就自然地闭上了。

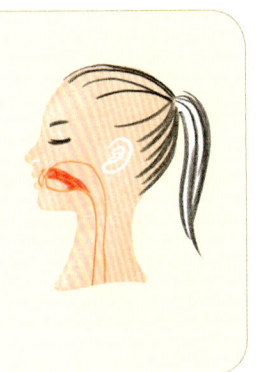

每次坐禅开始时的 2~3 次呼吸被叫做欠气一息，却是半张口的。将从鼻吸进的空气，从口中静静地、深深地呼出，是为了把存留在胸腔的浊气吐出，吸进新鲜的空气。同时想像着呼出的不只是气体，就连滞留在心里的烦恼也一并被排出来了。

欠气一息

1. 轻轻地开口，带着"将不好的东西呼出去"的心情从口中慢慢呼气。
2. 将胸腔内的气体全部呼出后，以同样的感觉用鼻子吸气。
3. 如此重复2～3次（习惯后做1次亦可）。

调息——气息的调整

身体调节好以后，接着转向调息。

调息是指通过缓慢地呼气和吸气来调节呼吸的节律。坐禅时呼吸是通过鼻进行丹田呼吸，其要点是要缓慢地呼气。

在下腹部集中用力的丹田呼吸

在平时无意识地进行着的胸式呼吸，是一种依靠胸部骨骼的扩张和收缩进行的呼吸方法。而坐禅时的呼吸是使用腹肌来推动横膈肌进行呼吸的。

不通过口而是用鼻呼吸也是丹田呼吸显著不同于胸式呼吸的地方。用鼻呼吸的理想状态是静静地、有节律地呼吸，并不用特意去呼气和吸气。为此，可以采用向以丹田（脐下3寸处，即脐下自己的手指四指宽的地方）为中心的下腹部集中用力的方法，进行丹田呼吸。

首先，带着"要把身体内的空气排出"的想法缓慢地呼气，然后在呼气末自然地转入静静地吸气状态，吸气的时间要比呼气短一些。

此时要注意：肩部不要用力，更不要一上一下地活动，要有意识地用腹部进行深呼吸。

还不习惯丹田呼吸时，为避免因注意力过度集中于下腹部而导致上半身僵硬，我们应该保持轻松的态度，也可以想像着全身的毛孔都在进行呼吸，顺其自然地放松身体。

脐下丹田

肚脐下3寸（自己的手指四指宽）的地方叫做脐下丹田或气海丹田。把注意力集中在丹田进行呼吸的方法称为丹田呼吸，也就是一般所说的腹式呼吸。

丹田呼吸

1. 带着"要把身体内的空气排出"的想法，缓慢地用鼻呼气，一次用时10～13秒。
2. 将体内的气体全部呼出后，自然地停顿2～3秒，再静静地吸气。
3. 重复前两个步骤。

丹田呼吸的效果——用深呼吸来美容

把新鲜的空气输送到全身的各个角落

我们平时无意识地进行胸式呼吸时，每分钟要呼吸 17～18 次。但是如果在坐禅时丹田呼吸做得比较好，每分钟的呼吸仅有 5～6 次。

坐禅时进行的丹田呼吸，会出人意料地使我们的心里有一种踏实、安稳的感觉。其实，丹田呼吸不仅有愉悦心情的作用，还会带来增进健康和美容的效果。

丹田呼吸特有的妙处是能够活动平时不使用的横膈肌，将身体深处的空气慢慢地全部呼出，然后再吸进新空气。这样就能把大量的空气输送进体内，使身体平时沉睡的那部分细胞觉醒，促进血液和淋巴液的流动，加强新陈代谢。

经常进行丹田呼吸还可以燃烧脂肪，从而达到减肥的效果。这一点在冬天可以切实地感觉到。在冷冽切肤的寒气中做丹田呼吸，不仅不会感觉到冷，还会感觉到腹部有暖流涌出。有些不可思议吧！

另外，坐禅时对呼吸的调节可以提高身体基础代谢，增进血液的运行，从而改善皮肤状态、缓解多种皮肤问题。

最重要的是，坐禅能使我们的精神安定而镇静，这也是对身体十分有好处的。在日常生活中，难免会遇到让人生气着急或情绪低落的事情。当我们的心情糟糕透顶时，身体也会有所反应，出现胃痛、便秘或出皮疹等症状。

此时，千万不要让糟糕的情绪再继续下去了。我们可以试试用坐禅的方法调节心情。即使不坐禅，长长地呼出一口气，做做丹田呼吸，就会使我们的心情渐渐恢复平静。心情恢复了，身体的不适就会减少，皮肤晦暗之类的现象也就随即消失。恢复了平静，皮肤也能焕发青春的光泽。

不必局限于坐禅时，在日常生活中也请积极地采用丹田呼吸吧，这是维持健康和美容的一剂良方。

丹田呼吸的要点

想像着丹田穴处有一个气球，丹田呼吸马上就可以顺利地开始了。

1. 呼气时挤压气球。

2. 吸气时给气球充气。

鼻子下面粘根羽毛

为了练习用鼻子缓慢地长呼气和长吸气，可以想像在鼻子下面粘着一根羽毛，当呼吸急促时，羽毛就会飞舞起来，提醒自己更安静地呼气。熟练掌握丹田呼吸方法的人一次呼气甚至要用20秒的时间。

调心——内心的调整

按照坐禅的顺序，调身、调息之后还要调心。

调心的方法有几种，我们可以经过几次实际体验寻找到适合自己的方式。

让我们一起寻找自己那颗澄澈透明的心吧！

专注地坐着，寻找尚未被污染时的自己

调整好身体（调身）和呼吸（调息）之后，心里便渐渐地平静下来。接下来的调心也是禅的目的：接受本来面目的自己。

越是平时忙碌的人，越能在仅此一坐的时刻感到一瞬间的安宁。只是，能真正地排除杂念、保持一种无心的状态，却不是一件容易的事。

还有，越是要求自己什么也不要考虑，脑子里越会涌出各种各样的想法。有时刚刚成功地阻断了一个想法，却又被周围的声音分散了注意力。有时特意选在安静的地方坐下来，却又听见电冰箱的嗡嗡声，于是不由自主地考虑起下一餐的食谱——这些琐碎的想法，就像联想游戏一样生出各种杂念。

当我们的心感到疲惫时，往往会过度在意自己不好的一面，容易就此消沉下去。其实这些都是自己的妄想和杂念派生出来的幻影。我们坐禅，就是为了寻找本来面目的自己，寻找自己那颗没有一丝阴云、明镜般美好的心。

行亦禅、坐亦禅

很多人认为坐禅就应当坐着。但实际上躺着（仰卧禅）、站立（立禅）和步行（步行禅）等姿势也是可以"坐禅"的。譬如当我们在站台上等车时，只需要两脚分开与肩同宽，放松两肩，将手放在腰部，伸直背部肌肉，半闭眼，并使用"数息观"（参见第39页），就可以进行立禅了。专注地继续下去，会觉得周围的噪音好像远远离去，心情也得以转换。

止静

1. 无思无为，专注地坐着。
2. 做"数息观"。（参见第 39 页）

坐禅的各种方法

调心就是对内心的调整，排除各种思考和想像，抑制感情的波动和心绪的纷乱，摆脱无论是来自外部世界还是来自自身内心的干扰，保持一种"无心"的状态。

变成"无"的状态就是成为一个整体

坐禅真的可以使我们进入"无"的状态吗？

把"无"理解为变成一个整体的状态可能是比较合适的。例如，一个喜欢缝纫的人一心一意地用针做活，不知不觉中针已经不是针，而变成了他身体的一部分了。

有时，我们即使下定决心要什么也不考虑、大脑空空地生活，实际上却自始至终仍难免被一些事所牵绊。

坐禅时要摒除一切杂念，但要完全做到这一点不是轻而易举的事。这时可以把注意力集中在一件事情上，而将其他的想法赶出去。例如，我们可以一面从一数到十，一面集中精力，这种方法称为"数息观"；还可以想像着在头顶上有一块黄油在融化，从而使注意力保持集中，称为"软酥法"。还有其他的方法。

禅寺里临济宗的僧人们也使用公案禅的方法来摒弃杂念。临济宗和曹洞宗都很重视坐禅，但在做法上有几处不同。曹洞宗采用专注地、默默地持续坐禅的方式，称为默照禅。而在临济宗的寺院里，僧人们坐在一起，从禅师那里得到公案，然后试图导引出答案，叫做公案禅，又名看话禅。

所谓公案都是一些诸如"听得孤掌鸣"之类谜一样难以理解的话语，也叫禅问答。禅问答时僧人们要暂时舍去一切既成的概念，无论是常识性的、科学的还是感情方面的，也就是把心"空"起来，这样才能引导出答案来。

不论是采用什么样的方法，其目的只有一个，就是排除杂念。

如果使用了上述几种方法还是排除不了杂念，也不要被纷纷而起的想法和情绪干扰得不知如何是好，可以等一会儿，让这阵子思绪先过去。

数息观

循环地数自己的呼吸次数

"数息观"是一种将注意力集中在自己的呼吸上,数呼吸次数的方法。

当我们进行坐禅的第一个丹田呼吸时,不妨一边呼气一边在心里默念"1"。口中不要出声音,吸气、呼气时也不要发出声音。在完成第一个呼吸,转而进行再下一次呼吸时,再一边呼气一边默念"2"。当然,此时的呼吸是丹田呼吸,即把注意力集中在脐下3寸的丹田处进行呼气和吸气。如此反复,待数到"10"后,再重新从"1"开始数起,就这样一直循环下去。

有时会产生杂念,不知道数到几了。那么请从数"1"开始重新做吧。当数着数着注意力开始变得集中起来时,数数的意识会变得遥远而淡薄,这便是呼吸和身体融为一体的一瞬间了。进入了这种状态,心灵和身体都好像变得空无了,超越了世俗间的善与恶、美与丑、喜欢与厌恶的判断,达到一种对世间万物以其本来的面目直接接受的状态。

软酥法

清清的温流慢慢浸润全身

　　想像在我们的头顶上有一块鸡蛋大小、奶油一样软酥的东西，它纯洁而无杂质，并散发着香气。这块酥软的东西自然地融化开，润遍头部，经过颈部到达肩部，一路畅通无阻地流淌到背部和两肘，覆盖了胸部，又向腹部浸润……不仅是身体的表面，就连我们的肺、肝、胃肠等内脏也像被清清的温泉滋润过一样。此时，积存在身体内的不良气息、内脏的紧张拘挛、啃蚀身体的痛楚等不好的感觉，都随着酥软的溪流一起流下来，我们甚至可以听到它们流动的声音。

　　现在，酥软的东西覆盖了全身，一直流到脚心，把双脚也温暖地包住了。然后，这股清清的温流聚集在一起，从下往上温暖、滋润着全身，就像洗药浴一样。我们的身体被这种芳香、柔软、光滑、触觉舒适的东西完全包裹着。

　　这样一边想像一边坐禅，能够帮助我们将体内不良的东西排出去，身体就会好起来。坚持做下去的话，我们的免疫力会被激活，使身体自身具有的对于疾病和伤痛的愈合力量，即自然治疗力充分发挥作用。

一息禅

可以随时随地进行的深呼吸

　　一息禅是"数息观"在日常生活中的应用。

　　学会了"数息观",就会实际感觉到呼吸对调节、控制自己紊乱的心理状态所产生的作用了。生气的时候呼吸会不由自主地加快,鼻息会紊乱,气息出入也就急促起来。也就是说生气着急等于呼吸急促。反过来,缓缓地进行丹田呼吸,也可以抑制发怒的情绪。因此,当我们感觉到心绪紊乱时,即使不采取半眼坐禅的方式,也可以端正姿势进行丹田呼吸,做一做"数息观",来改变一下心态。

　　当我们参加考试、在会议上发言或者在众人面前讲话的时候,如果感觉很紧张,可以慢慢地、长长地吐气,再静静地吸气,就可以去除不必要的担心、不安和紧张,找回沉着镇静的心态。

　　像这样,不坐禅而运用"数息观"呼吸法的禅,叫做一息禅。

求心不求佛

无论是男性还是女性，向禅求"心愈"的人越来越多。

可是，真正的"心愈"是什么呢？

这就需要关于心的智慧了。

佛心与佛性

简单地说，宗教可以分为两种类型，一种是信仰神佛，另一种是相信自己。

信仰是在己身之外设置神的存在，祭祀和祈求这些神。人们到古都寺院向古佛像祈求平安就是一种信仰的表现。禅宗以外的所有宗教都是以信仰作为目的的。

禅宗虽然也敬仰佛，但却不是信仰，而是一种对自我的自知力和自信力。禅宗坚信自己内心而不是在己身之外的力量。我们每个人的内心都存在着与佛完全相同的佛心佛性。用坐禅的方法就可以感知到自己的佛心佛性，即所谓凝视自己，识得自性。

佛心佛性是指清净的心。我们的本性是空寂而悄无声息的。有时我们会有一种与外物隔绝、寂寥的感觉，这很正常，因为这才是所有人的心应该具有的、本来的样子。如果心像猴子一样欢蹦乱跳安静不下来，被称作"心猿"，这并不是人的本性。

佛心佛性还有一个意思是指心像一面澄澈清亮的镜子。心无形，用肉眼看不到，不可能用文字来解释和描绘，如果非要用言语表述的话，可以用澄澈清亮的镜子来比喻看不见摸不着的心。这种表述方法也是禅宗的祖师们煞费苦心考虑出来的。对于这样的佛心佛性，名僧盘珪禅师称之为"不生的佛心"，意思是说佛心佛性之上不生长任何有形之物。

如果佛心佛性是这样不生一草一木的，我们能否找到这个"不毛之地"呢？

佛祖说，这样的清净之心是与生俱来的，即使是深受尘世污染的人，内心深处也还藏有本来的佛心佛性。用一个佛教术语来讲，叫做"悉有佛性"。

在 6 世纪的中国，有一位在家坐禅的名家傅大士（名傅翕，南朝梁陈时人——译者

注）。他在著作《心王铭》中用"水中盐味，色里胶青"来形容人心。

品尝一下海水，会感觉到咸涩，这是因为海水里含有我们用肉眼看不见的盐分；绘画颜料里含有胶质，虽然眼睛看不见，但胶质确实存在于颜料之中。与此相似，人的心灵也是肉眼看不见，却真实存在的。失去盐分的海水，不再是海水；去掉胶质的颜料，不再是颜料。同样，人若没有了心，也就不能称之为人了。也就是说，心是人的根本。

为什么说"心是人的根本"呢？大珠慧海禅师在《顿悟要门》一书的"遗教经"里讲到："使心向一处，不使其涣散，无论何事都会有所成就。"充分说明了统一精神、集中心力的重要性。

聪明的人求心不求佛，愚蠢的人求佛不求心。聪明的人调心不调身，愚蠢的人调身不调心。

  那么，我们如何修行这根本的心呢？可以说，只要坐禅得到禅定，就可以得到我们本来的心了。禅定一词中的"禅"是说本来的、清净的心是每个人与生俱来的，"定"是指通过坐禅来发现自己的本性。

  坐禅时如果能够接受禅僧的启发，在呼吸法、坐禅方式等方面得到直接的指导，是再好不过的。可是对于大多数人来说，做到这一点谈何容易。那么就请参考这本书，来进行愉快清爽的坐禅吧。如果能够发现本来的自己和潜在的本性，唤醒自己内心深处的力量，我们将会得到无比的幸福和喜悦。

  从坐禅开始，来一次发现自己本性的旅行吧！

达摩大师面壁坐禅图

心灵与身体是紧密相连的

坐禅为什么能使心灵和身体都变得优美起来呢?

日本北里研究所进行东洋医学研究的外科医生樱井正智先生,曾对此做过专门介绍。

通过丹田呼吸能进入轻松的状态

我们常说:坐禅能够使心灵和身体都变得优美起来。医学上也确实证明了坐禅对健康的益处。

从表面上看。心灵和身体是完全不同的东西,为什么坐禅能够使身心都变得优美起来呢?人们常说"身心如一",下面我们就从医学的角度,讲一下其中的道理。

严格地讲,心分为神经和感情两部分。神经是指控制感情的自律神经。情绪高涨时感觉到心跳加快、恐惧时身体震颤、紧张时出一身汗等便是自律神经在起作用。

自律神经又分交感神经和副交感神经,处在以交感神经活动为主的状态时,人是觉醒的、活动的,这时脑波释放很多 β 波。另一方面,在睡眠和放松休闲时,以副交感神经活动为主,这时脑波释放 α 波。

再回到坐禅的话题上来,坐禅的效果,也可以说是坐禅时丹田呼吸的效果。

所谓丹田呼吸,不是仅仅用肺呼吸,而是运动腹部,进行有意识的、更深的呼吸。实验研究发现,丹田呼吸时脑波释放很多 α 波。更重要的是,坐禅时的脑波是 α 波混在 β 波之中。这表明什么呢?表明头脑在觉醒的情况下,又能保持轻松的状态。

坐禅能增加脑内物质5羟色胺

5羟色胺是一种使副交感神经活动增强的物质，坐禅时分泌出很多这种5羟色胺。其实，嚼口香糖、按节律运动身体等相对简单的活动都可以促进5羟色胺的分泌。丹田呼吸是按照一定节律进行的呼吸运动，所以也可以增加5羟色胺的分泌。

这个机理可以解释坐禅为什么能够安稳心态，达到"愈心"的效果。坐禅时进行丹田呼吸，促进5羟色胺的分泌，进入副交感神经活动为主的状态，使我们的神经镇定下来。这是一种能够主动镇静神经，进入放松状态的过程。

坐禅能够提高免疫力、预防疾病

坐禅引发的以副交感神经活动为主的状态，对身体有什么样的影响呢？最显著的是能够提高免疫力。免疫力提高后，不仅可以预防以感冒为首的感染性疾病，还可以发挥抵御癌症的效果。由此可见，坐禅对于健康是很有益处的。

禅美化心灵

最后简单地提一下"精神等于心"的话题。神经和精神虽然是两个东西，但这二者是非常近似的，譬如悲哀或不安可以带来意志消沉。但要是严格地说，感觉不安属于精神方面的问题，意志消沉则属于神经方面。

对于抑郁症所引起的烦躁不安、消沉冷漠等，使用作用于神经系统的药物可以减轻症状。可是，对于抑郁症的心理状态的改变，却是个医学尚未很好地解决的问题。

处于抑郁状态的人通常会对已经结束了的过去感到不舍，烦恼后悔，或者对尚未到来的明天感到不安。他们所烦恼的都是一些即使现在再伤脑筋也毫无办法的事情。只是头脑明白这个道理，但实际上却很难完全利落地切断杂念。有许多人就是处在这种即使再想也没用，但还在不停地想，因而心绪不宁的状态。总是处于这种状态绝不是一件好事情。

坐禅不单单是一种保健的方法，它对于一些医学力不能及之处，又是一张"心的处方"。

如果你有一点儿"让心优美起来"的想法的话，一定要尝试一下坐禅。

第三章

净化灵魂的写经

写经反映"心"的状态

写经是指一笔一画地写二百七十六字的《般若心经》。

写经的魅力在于：在写的过程中，时间会不知不觉地度过。写经不仅是书写经文，还可以反映出写经人的心态。

焦躁与烦乱必定会反映在字面上

我们能否忘掉时间的流逝而投入到一件事情中去呢？这好像不太容易做到。有时我们会在闲暇的时光尽力去做一件有趣的事，但大脑里却还是想着其他的事，很难进入休息的状态。写经这种任何人都能够轻易做到的事情，却能够使我们的大脑进入充分放松的状态。

对自己的字没有信心的人，也可以把纸蒙在经文上描着写。实际上，写经与字的好坏无关。即使不明白《般若心经》的意思，也没有关系。从另外一个角度看，也许不懂意思反而更能不假思索地进入埋头书写的状态。

写经的目的并不是仅仅把字写出来。最初，写经是在没有印刷技术的时代，为推广流传经典而做的事情。在有了印刷技术之后，写经的活动便有了积累功德的意义。

我们在写经时要相信：经文的一字一句都是佛祖的心，仔细而慎重地去想、去写，就会使我们的心变得清净。当我们带着这样的想法写经时，写出的文字会是非常优美的。写经，哪怕只有一次，也会深切感受到文字上有自己的"心"。如果写字时稍微着急了一些，字迹就会歪斜。如果心情不安的话，写出的经文就会失去均匀、平衡之感。所以，让我们仔细地写每一个字吧。

全部的《般若心经》是二百七十六字，一次写不完也无妨。只要能够集中注意力、认真地去写，哪怕只写了一行字、甚至一个字，也足够了。

另外，写经时保持谦逊的态度是很重要的，要有"承蒙允许我写下经文"这样的念头。

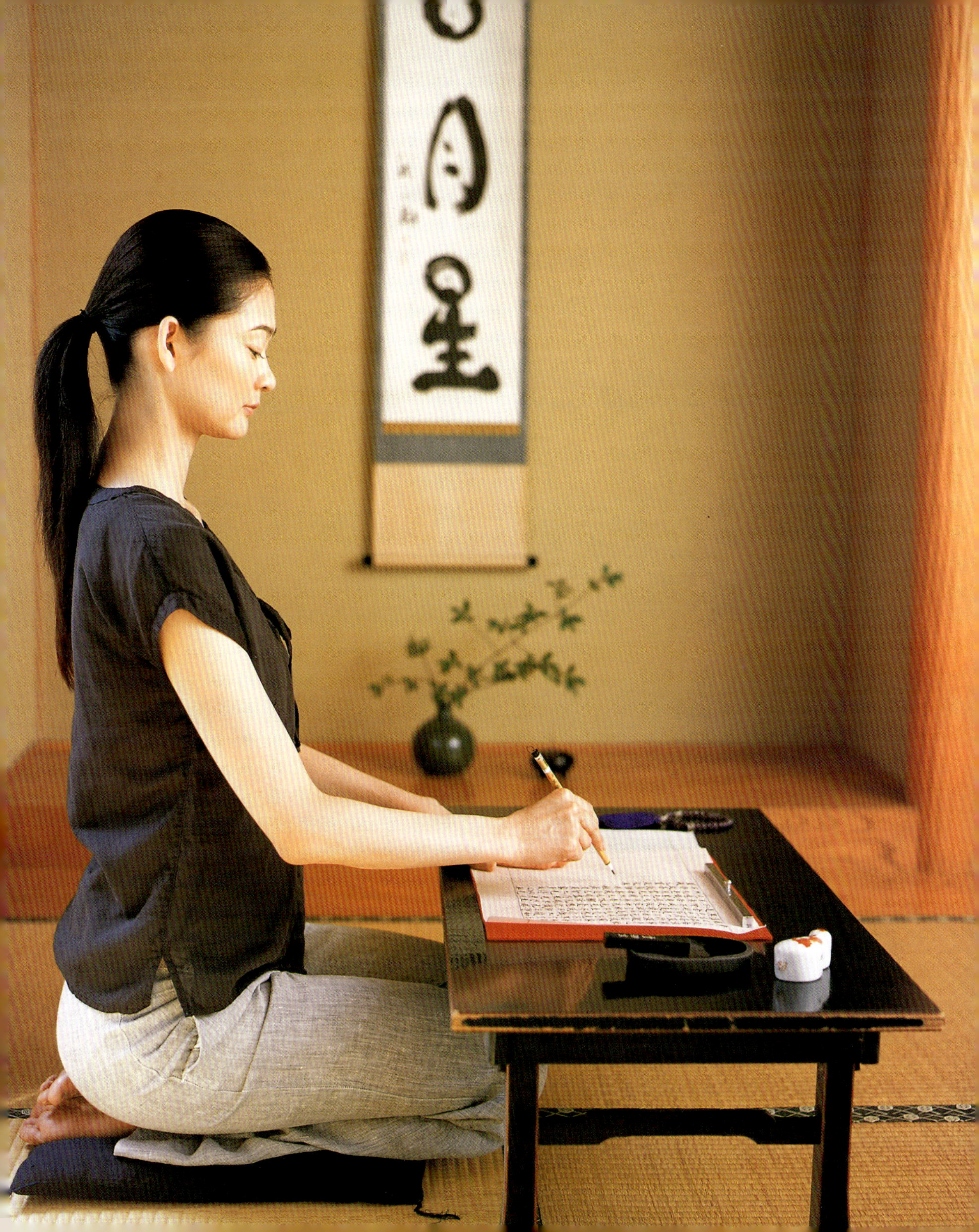

無智亦無得 以無所得故
菩提薩埵 依般若波羅蜜多故
心無罣礙 無罣礙故 無有恐怖
遠離顛倒夢想 究竟涅槃
三世諸佛 依般若波羅蜜多故
得阿耨多羅三藐三菩提
故知般若波羅蜜多 是大神咒
是大明咒 是無上咒
是無等等咒 能除一切苦
真實不虛 故說般若波羅蜜多咒
即說咒曰 揭諦揭諦 波羅揭諦
波羅僧揭諦 菩提薩婆訶

《般若心经》为唐朝玄奘法师所译，流传至今有不同版本，个别字略有出入。《禅意生活》一书是引用的日本版本，为使读者能够欣赏到原书的风格，将原文的写经样本保留原样印出。

——译者注

摩诃般若波罗蜜多心经

觀自在菩薩 行深般若波羅蜜多時

照見五蘊皆空 度一切苦厄

舍利子 色不異空 空不異色

色即是空 空即是色 受想行識

亦復如是 舍利子 是諸法空相

不生不滅 不垢不淨 不增不減

是故空中無色 無受想行識

無眼耳鼻舌身意 無色聲香味觸法

無眼界 乃至無意識界 無無明

亦無無明盡 乃至無老死

亦無老死盡 無苦集滅道

《般若心经》的教诲

《般若心经》只有二百七十六字,是一部很短的经。经书上那些看上去生疏的文字,所讲的内容却非常浅显易懂。《般若心经》告诉我们:这个世界上什么都不存在,一切都是"空"。

实相就是原本的样子

实相是指宇宙万物的真实现状或本来状态,简单地说就是原本的样子。用"空"、"无"作为《般若心经》的关键词并不过分。如果只用一句话来概括《般若心经》的内容,那就是:事物的本质不是存在和不存在的问题。一切都是"空",是"无"。所有事物都是无处停留,不着痕迹的。

或许我们会想:自己不是明明存在着的吗,为什么说是"空"呢?"空"和"无"的说法看似简单,其实蕴含着很深的道理。

在佛祖释迦牟尼去世后,佛教的思想已不仅限于口口相传,还出现了用文章记载流传的形式。经过几个世纪,为数众多的佛教经典被编撰保存下来,流传至今,被称为"八万四千经卷"。

在如此浩如烟海的经典中,《般若心经》因其说不尽的魅力,成为广为世人熟悉和喜爱的经卷。就连日本的天台宗、真言宗等佛教流派都诵读《般若心经》。

《般若心经》是从六百卷的《大般若波罗蜜多经》里提炼凝缩而成的,由二百七十六个文字组成,是一部短小的经卷。

《般若心经》最初是用古印度语写成,由玄奘法师(就是因《西游记》而为大家所熟知的三藏法师)译成了汉语。据说玄奘法师在赴印度的旅途中,每当遇到灾难便默诵《般若心经》。后来,许多人都诵读《般若心经》以求能除厄运,并用写经的方式积累功德。

《般若心经》的第一句"摩诃般若波罗蜜多心经",是经的题目,意思是"现在开始说佛祖在开悟时所悟得的至极真理"。

"观自在菩萨,行深般若波罗密多时,照见五蕴皆空"的意思是:觉知世间万物的观音菩萨,在进行舍弃我执(对自我的执着——译者注)的修行时,深切地感悟到,无论是物质还是精神,所有的一切都是"空"(原本的样子——译者注)。

　　"度一切苦厄"的意思是:祛除一切苦难,引导我们走向解脱的道路。

　　在经文中,题目介绍了佛祖开悟。进入正式内容后,观音菩萨变成了主人公,告诉人们:如果能够舍弃我执,人人皆可成佛,这种行为叫做佛作佛行。所谓禅,即相信所有的事物都存有佛性(悉有佛性),当我们通过坐禅感知到这种佛性的存在时,自己就成为了佛、成为了菩萨。当然,如果我们对其中的真理没有较深刻的体会,是难以即刻理解这段经文的意义的。

通向开悟的六种途径

　　在佛学里,通向开悟的六种途径(波罗蜜多)是:

　　"布施",即给予他人。并不单指物质或金钱,也指给别人的生活带来喜悦和快乐的事情。

　　"持戒",即欣然做好事、不做恶事、遵守戒律。

　　"忍辱",即为了达到目的,坚毅忍耐。

　　"精进",即努力向前,积累钻研。

　　"禅定",即坐禅。也就是进入"一心"的状态。

　　"智慧",即常常持有一颗润泽、丰富的心。

　　从悉有佛性的立场来看,"般若波罗蜜多"是指:人人都可以通过坐禅舍弃我执(即对自我的执着),当我们成为"无相"的状态,便能够发现自己原本的样子。

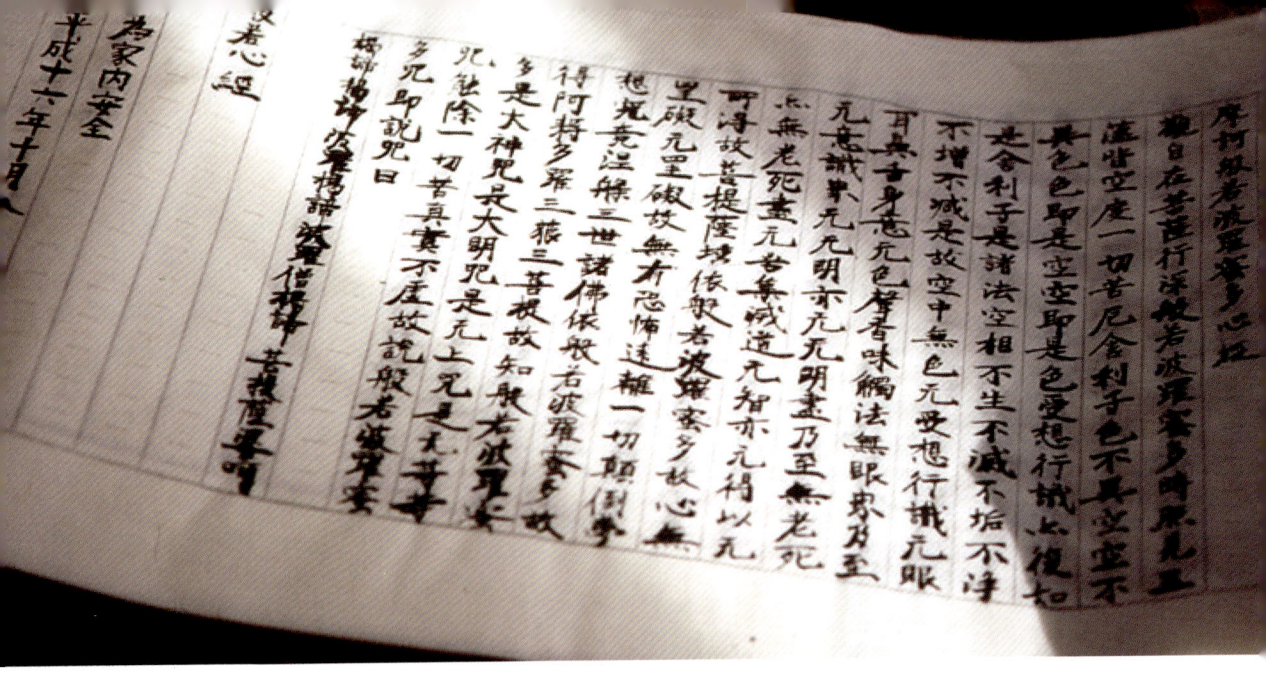

从五蕴来看本来清净的我们

《般若心经》中的"五蕴皆空"是说一切事物都是不存在实体的。五蕴是指：色（存在）、受（感觉）、想（想像）、行（行动）、识（认识）五项。我们要设法使这五项成为"空"的状态、不让它们受到污染。

我们要相信自己的本性是清净的，是可以通过坐禅来感知到的。在真正清静的心里，不会产生任何东西，也不会有任何东西消亡。既没有污秽，也没有洁净；无所谓增加，也无所谓减少。目之所见、耳之所闻、鼻之所嗅、舌之所尝、手之所触以及心为之所感，一切均不存在。没有生存，也没有死亡。

正是因为一切事物都不存在，所以，在《般若心经》里使用了许多"无"字。

"空"是《般若心经》的另一个关键字。经文中"色即是空、空即是色"这句话是很有名的。"色"是指目之所见，有形的事物。"色即是空"是说万物的本来是空虚清净的，"空即是色"是说我们只有看到了事物本来的清净，才能够获得自身的清净，破除"我执"。另外，佛教认为一切事物都是处在崩解变幻中的，没有片刻的停滞。这种否定存在的认识也可以用"色即是空"来形容。相反，将对有形之物否定的虚空再次否定，就是"空即是色"。

"空"给我们带来不会干涸的心

当我们悟到"世界本来是清净的"这一道理的时候，我们就可以得到丰富且不会干涸的心了。留下的只有具有佛心的自己。

当我们真正体验到了《般若心经》的教诲，生活就会变得简单而愉快。心中忧伤的裂纹没有必要去抚平，无法满足的欲望也没有必要去抹掉，所有的一切俱可以照原样接受与认可。当我们这样做时，就可以用富足的心自然而然地去接受一切事物了。

现实生活中的很多人会不断地产生各种欲望：例如，在经济上得到满足之后，精神方面又觉缺欠，反之亦然。《般若心经》"空"的思考方式应该可以帮助我们斩断这种欲望无边的状态。参透了"空"的道理，我们就可以从各种事物的束缚中解脱出来，微笑着面对自己、面对生活，即使遇到麻烦，也可以轻松地对自己说："这没有什么大不了的哟！"

写经前的准备

写经与写字看上去好像一样，其实这两者有着本质的不相同。写经是要写出佛心、感受佛心的，而写字却没有这一层意思。

因此，写经是一种神圣的行为。

去除尘垢、心怀神圣

有些人常年都以十分虔诚的态度来写经，甚至无论冬夏，每次写经之前都要沐浴更衣。可见写经是多么神圣的行为！

我们在家写经时，虽然不必每次都做到沐浴更衣的程度，但洗手、漱口、掸去身上的尘土还是有必要的。如果出了一身汗，不妨先洗个淋浴再去写经。

写经是面向佛祖而做的事情，沐浴洁身表达出敬重之意，更重要的是，我们的心也会和身体一起变得一尘不染。

身体干净清爽之后，就要布置一下写经的环境了。找一处安静的地方，放好桌子，端坐于前即可。无论是桌子上，还是桌子周围，都不要放置多余的杂物。

有些人还会在写经之前点上一炷香，甚至还会捻着佛珠，低头念一句"承蒙允许我写经文"，然后才开始动笔。未必每个人都需要做到这样的程度，根据个人习惯和现实情况，保持环境的整洁，并且关掉电视、手机、收音机等有可能干扰我们的东西也就可以了。整洁、安静的环境能够唤醒我们内心的宁静、和谐。当我们的身心都达到清爽的状态之后，即使什么话都不说，心里也会不由自主地产生"承蒙允许我写经文"这样谦逊的念头。

可是，有些生理现象却是避免不了的。即使做了充分准备，写经的过程中也难免要去一趟洗手间。这时候说一声"对不起，失礼了"，拿起佛珠双手合十行一礼，然后再去洗手间，也就无妨了。

不习惯端坐的人，坐得时间一长就容易两脚酸麻，很难受。此时尽可以调整一下身体的姿势，只要保持"承蒙允许我写经文"这样谦逊的心情就可以了。

写经的步骤

1. 洗手、漱口。
2. 端坐，以正确的姿势调整呼吸。
3. 诵读心经、合掌行礼。
4. 静静地研墨。
5. 将笔蘸好墨汁，开始一笔一划用心地写。
6. 写完后认真检查，不要有错字、漏字。
7. 以感恩之心合掌行礼。
8. 诵读"回向文"。
9. 整理、安放经文。

回向文

愿将此功德推及一切，我等与众生皆成佛道。

开始写经

在砚台中注一股清水,气定神闲地研着墨。随着墨锭的融化,砚中之水渐渐变成了黑色绸缎般的墨汁,墨的芳香在空气中飘散开来。当我们的心跳也随着研磨的节奏变得舒缓的时候,就可以开始写经了。

用墨香淘洗心灵

懒于研磨的人,可以直接使用墨汁写经。如果实在用不惯毛笔,也可以使用钢笔或者圆珠笔。写经时最重要的莫过于要有愿意写经的心态,使用的道具并不十分重要。但如果可以,还是尽量尝试用毛笔沾着墨来写经吧。墨天生有净化心灵的作用,淡淡的墨香通过鼻子一直飘到心里,带给我们说不出的宁静与祥和。

一旦进入了写经的状态,就会自然而然地将时间忘记。有时当我们心无杂念地写完全部二百七十六个字的时候,才发现已经在不知不觉中过去了一两个小时,这就是进入了所谓"无心"的状态。有过这种经验的人便会深刻体会到其中的悠闲清雅。

因此,让我们安排好充裕的时间,选择在能够身安心闲的时候来写经吧。

另外,与坐禅一样,写经也需要一个不受干扰的环境。如果被上门的推销商、邮递员以及电话等扰乱了心神,就无法进入写经的状态了。

我们不妨在开始写经时就下定决心,无视这些干扰因素,即使听到了门铃声,也不去分心。

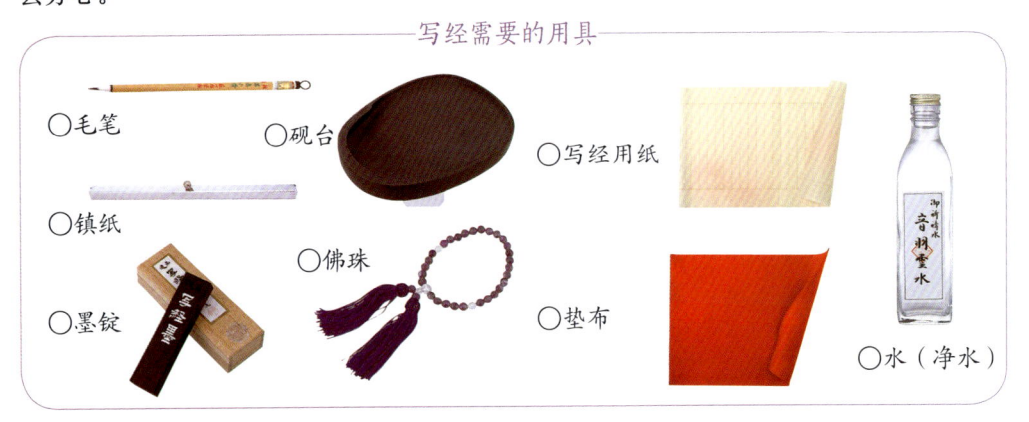

——写经需要的用具——

○毛笔
○砚台
○写经用纸
○镇纸
○墨锭
○佛珠
○垫布
○水(净水)

研墨的方法

研墨时要端正姿势,以用墨锭在砚台中画圆的方式为宜,并尽量使墨锭的研面均匀地减少。据说心里不安定时研面就会出现歪斜。研墨时可以使用一般的自来水,但如果能够使用山中清泉,或者河流湖泊中凝聚了大自然灵性的水,便更添几分神圣、清雅。

握笔的方法

写经时手要握住距笔前端3cm～4cm的地方,使笔和纸面垂直。下笔时既可以将肘部悬起,也可以放在桌子上。笔可以采用小号的,因为要长期使用,还是选用质量佳的为好。

写经的方法

研好一砚香墨，将写经所需的一切准备停当的时候，我们的心情已经在不知不觉中变得轻松、舒畅了。

不用考虑能不能写得很好，只要一字一句认真仔细地用心去写就可以了。

不常用毛笔写字的人，猛然拿起毛笔会有些不适应。这不要紧，很快就会习惯的。

一心一意地写经

或许当你看着面前的写经用纸和《般若心经》时，无论如何也没有信心将经文写好，这时可以把纸覆盖在经文上，用描红的方式写经。

写经用纸分上下，空白窄的一边为上，空白宽的一边为下。上方空白的意思是奉祀佛祖，下方的空白则代表广阔的大地，请注意不要搞颠倒了。

空下第一行，在第二行写上经文的题目"摩诃般若波罗蜜多心经"。然后再起一行写经文的内容。写经时不要再考虑今天单位的工作、明天的约会之类事情，一心一意地写下去吧。

全部写完之后，默读一遍，如果发现有错字或漏字，在旁边点上一个点，再用小字改好也就可以了。

写完的经文即使不像样本那样优美也不要紧。只要文字显得安定认真、慎重仔细，有一种意志贯穿在其中就很好了。写经能够反映出书写人的心，譬如字体较大，说明写经之人胸襟开阔；线条较粗，则可以说明精力旺盛吧。当然，写出来的经文无所谓好劣，只要是一心一意地去写就可以了。

> **写好的经文放在哪里**
>
> 写好的经文，只要向任何一个寺院提出纳经的请求都是可以被接受的。只是不同的寺院有不同的规定，有些寺院要收一些随意给的纳经费。另外，经文送给患病的亲友可以增添其战胜疾病的勇气，也可以祭祀故去的人，或者埋在院子里佑护住宅的平安。

《般若心经》的书写格式

写经时，有一栏可以写上自己的愿望。全家平安或身心健康等愿望都可以写上。只要用"无心"来洗涤心灵，按照规则来写就可以了。

年月日 姓名 净写○	愿 ……	般若心经	揭谛揭谛 波罗揭谛 波罗僧揭谛 菩提萨婆诃	空 度一切苦厄 舍利子 色不异空 空不异色	观自在菩萨 行深般若波罗蜜多时 照见五蕴皆	摩诃般若波罗蜜多心经
↑「净写」下面空一格	↑空一行	↑全家平安等愿望	↑空一行	↑后题目	↑空一行	↑偈文	↑正文	↑经文题目	↑空下第一行

写经时需要注意的几点

1. 写经用纸分上下，空白窄的一方是上，空白宽的一方是下。
2. "世界和平"、"消病息灾"之类的愿望都可以写进去。
3. 姓名和年月日用比正文小一号的字体写。
4. 姓名的下面要写上"净书"、"净写"、"谨写"或"敬写"等字样。
5. 错字的订正：在错字的上面点一个点，再在错字的右上方写上正确的字。
6. 漏字的订正：在漏字的地方点一个点，再在下面补写上该字。

书法与禅

盛开的禅文化之花——书法

书法与禅有着很深的渊源。

在禅宗盛行的年代，禅的思想影响到绘画、园林、茶道等很多方面，可以说这是禅文化之花处处盛开。书法也是受到禅文化强烈影响的文化形式之一。

禅僧们留下了很多的墨迹，其内容是与禅僧的身份有关的。经常被书写的是与修行相关的内容，如遗偈（僧侣的临终遗言）、印可状（弟子修行达到一定程度后给予的证明书）、偈颂（表现开悟境界的话语）等。

禅僧们在写经时并不追求书法的技巧，而是把在修行中体会到的精神，不假思索地一气写出，以能够表现出心的本原状态为好。所以他们写经时并不在如何把字写得美上下功夫，而是要在最大程度上写出自己素直的心。禅僧的墨迹表现的是禅精神所投射出的另外一种美，这是书法家无可比拟的。

因此，当我们欣赏僧侣们的墨迹时，并不能像欣赏普通的书法作品那样去观赏书法技巧所创造出来的美感，而是要细细地体味和感受作品里蕴含的道理和心的力量，并在对照自身的过程中达到戒喻的目的。

日本茶会中的墨迹

在日本，人们参加茶会的时候经常可以观赏到禅僧们的墨迹。

最广为人知的是以聪明机智闻名的一休和尚的作品。他的书法风格独特，字里行间都生动地表现出他强烈的叛逆精神和天真率直的性格。他喜欢使用竹笔，即将嫩竹的纤维捣碎后制成笔头，用这种易于滑动的笔写出的字强劲有力。

另外，以写《夜船闲话》讲述用丹田呼吸法克服自己疾病而闻名的白隐禅师，也留下了许多优秀的墨迹。

第四章
素心素食

心灵的品味

第一次尝到全素餐时颇为吃惊：蔬菜的味道竟然可以如此深奥！这是一种习惯于刺激性味觉的舌头无法尝出的美味。

禅茶素食，不仅能够为我们的身体提供真正需要的饮食，更能让我们躁动不安的灵魂回归原本的纯净与舒展。

摄取大自然的恩惠

素食斋饭也叫精进料理，本来是僧人的饭食，遵照佛教不杀生的戒律，僧人是不食用肉类和鱼类，以及韭菜、大蒜等带有刺激性气味的食物。素食是以蔬菜为主料，尽量活用原料本身的性质，将蔬菜本来的味道恰到好处地衬托出来。使用的调味料，与其说是调味，倒不如说是把主料的味道引出来，叫做"引味"或"显味"更贴切。

全素餐不但味道鲜美，而且是一种自然健康的饭食。蔬菜是季节性产物，是遵循着自然的法则生长出来的，是从孕育生命的大地之母收获的。当季的蔬菜中蕴含着自然的生命力，最能保持我们身体的元气。我们的身体也是大自然的一部分，食用时令蔬菜无疑是最恰当、最符合自然规律的保健方法。

恰到好处的饭量能够唤起对饭食感谢之情，因此僧侣们在饭量上也有所控制，每餐饭后是绝对没有饱腹感的。早上是稀粥和咸菜，中午可以说是丰盛的一餐，但也只是一菜一汤而已。

素食带给我们的不仅是品尝食物本来味道的快乐和控制食量的吃法，还能够重新唤起我们心底里对食物和大自然的感谢，并发现日常生活中的不良习惯。譬如，我们在碗里残留米粒，在餐馆吃饭时点很多根本就吃不完的菜，在自己家做饭时剩下的蔬菜边角料就扔掉了。这些都是对食物感谢之情淡薄的缘故。

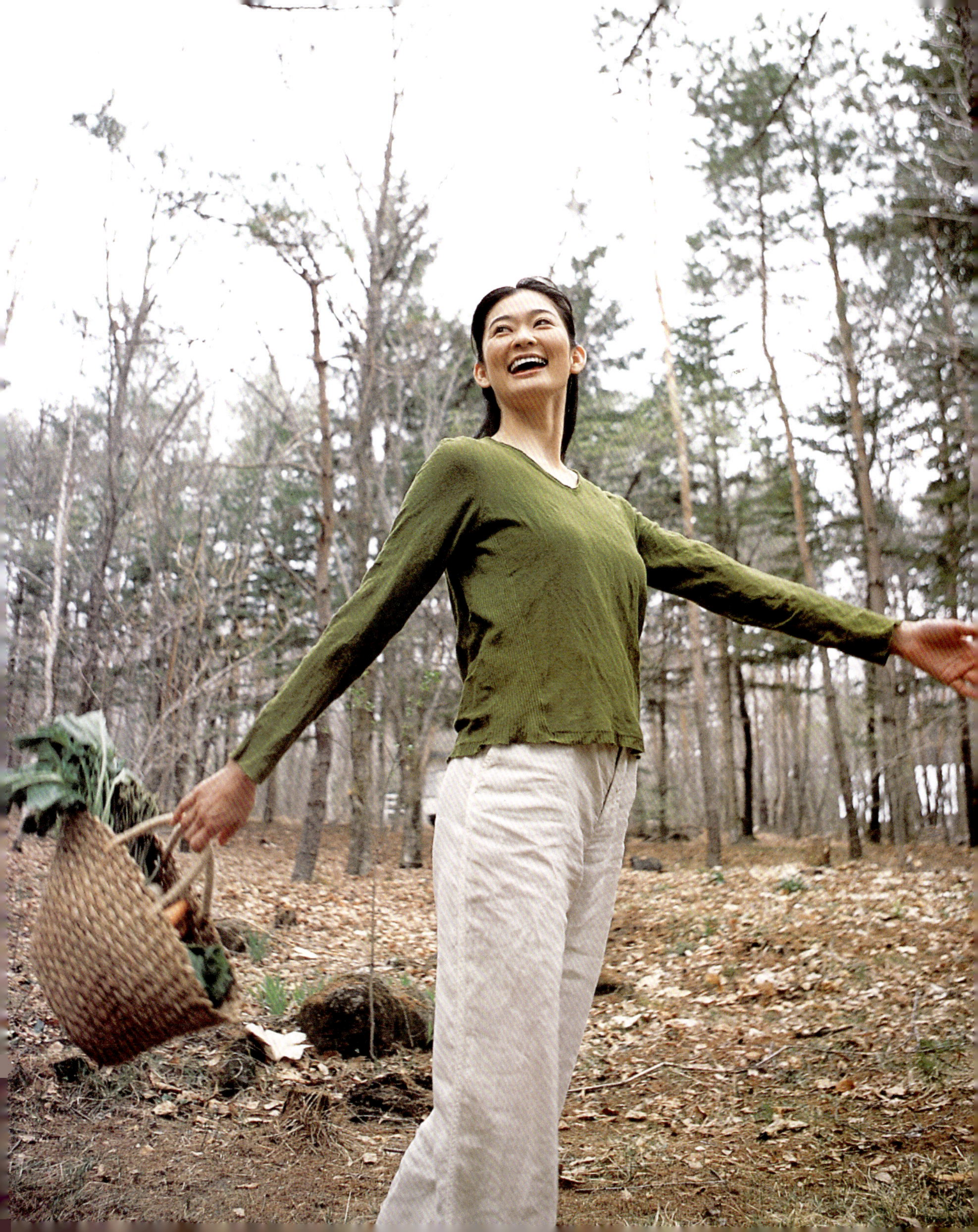

禅与食

吃饭是我们每天必不可少的行为，食物是维持我们生存不可或缺的东西。

当我们想到这一点，对于让蔬菜充满营养的大自然、培育蔬菜之人以及烹饪素食之人的感激之情油然而生。

在禅寺，"食"也是一种修行。

细致的做法体现对饭食的感谢

一心向佛，控制食量，守戒律、禁肉食，这便是禅寺风格的素食斋饭了。禅寺的僧人们在用餐时使用一种叫做"钵"的器具。"食也在修行内"，也就是说，无论是烹饪的过程还是吃饭的过程，一切都是修行。

另外，禅宗寺院里有详细的规定，被称为"禅苑清规"。其中记载有作为斋饭基本的"三德六味"以及调理禅寺饭食时的守则等内容。

禅寺的早饭是粥，这是定下来的。晚上也经常吃粥。

烹饪饭食的人被称为"典座"，在《典座教训》一书中记载了烹饪时需要持有的心理状态，如对食物怀有感激的心情，慎重地处理，切割时尽量使原料完美地呈现其特性等。素食讲究选用当季的蔬菜，重视素材的特性，认为"正确的吃法等同于服用贵重药品"，这与中医所说的"药食同源"有异曲同工之妙。

经常烹调和食用素食能够达到不过食、不积食、预防感冒等效果。

进餐前的祷告——饭食五观文

一、思每餐之来处，计耗费之功夫。
　　眼前的食物，是经过很多人制作、运输、调理而成的，对此应怀感激的心情。

二、思己德行之备欠，求食之而无愧。
　　审视自身的言行，思量自己有没有吃这顿饭的资格。

三、防范己心，以远离过与贪为宗旨。
　　无论什么样的食物，都不去固执地追求其味道，避免陷于美味的诱惑或偏食。

四、食物如同药物，为疗形体之瘠瘦而设。
　　要想到饭食里蕴含着天地间生命的力量。

五、受此餐，当努力成就道业。
　　立誓为了完成被赋予的使命而受用此餐饭。

神圣的食器——钵

僧人们吃饭时使用的钵,简洁而实用,省去了一切不必要的东西,在简明和谐之中蕴含着明心见性的禅蕴。

钵,不单是吃饭的器具,更是禅之精神的象征。

在禅寺吃饭时使用的漆成黑色的钵,可以称得上是最具简洁洗练之美而又非常实用的器具。

在禅寺用餐时使用的钵三个为一组:在最大的碗里,分别有依次小一圈的两只碗,这三只碗可以重叠组成母子式的一组。吃饭的时候按照严格的方法打开布包,摆好碗筷。

佛教里有一句话叫"继承衣钵",有师父向弟子传授知识和思想的意思。其中"衣钵"的原意就是指禅宗的师僧向法统继承者交付的三衣和一钵。可见钵不仅是吃饭的器具,还被认为是神圣的象征。

在禅寺进餐的过程中不能出现筷子碰碗的"咔嗒"声,饭后收拾碗筷的时候,碗和碗相碰的声音也是不允许的。吃完饭后,用少量的热水和米糠将碗洗干净再用布包好,这一餐就结束了。

还有一点,僧侣们使用的筷子粗大得令人吃惊,这是因为它还兼做梆子(拍子木)使用。从这里我们可以看到禅的简洁和避免浪费的思想。

——全部的食器——

在就餐时间以外,用布包起来认真地保管。

用这样朴实简洁的食器食用素食,细细地品尝自然的恩惠。

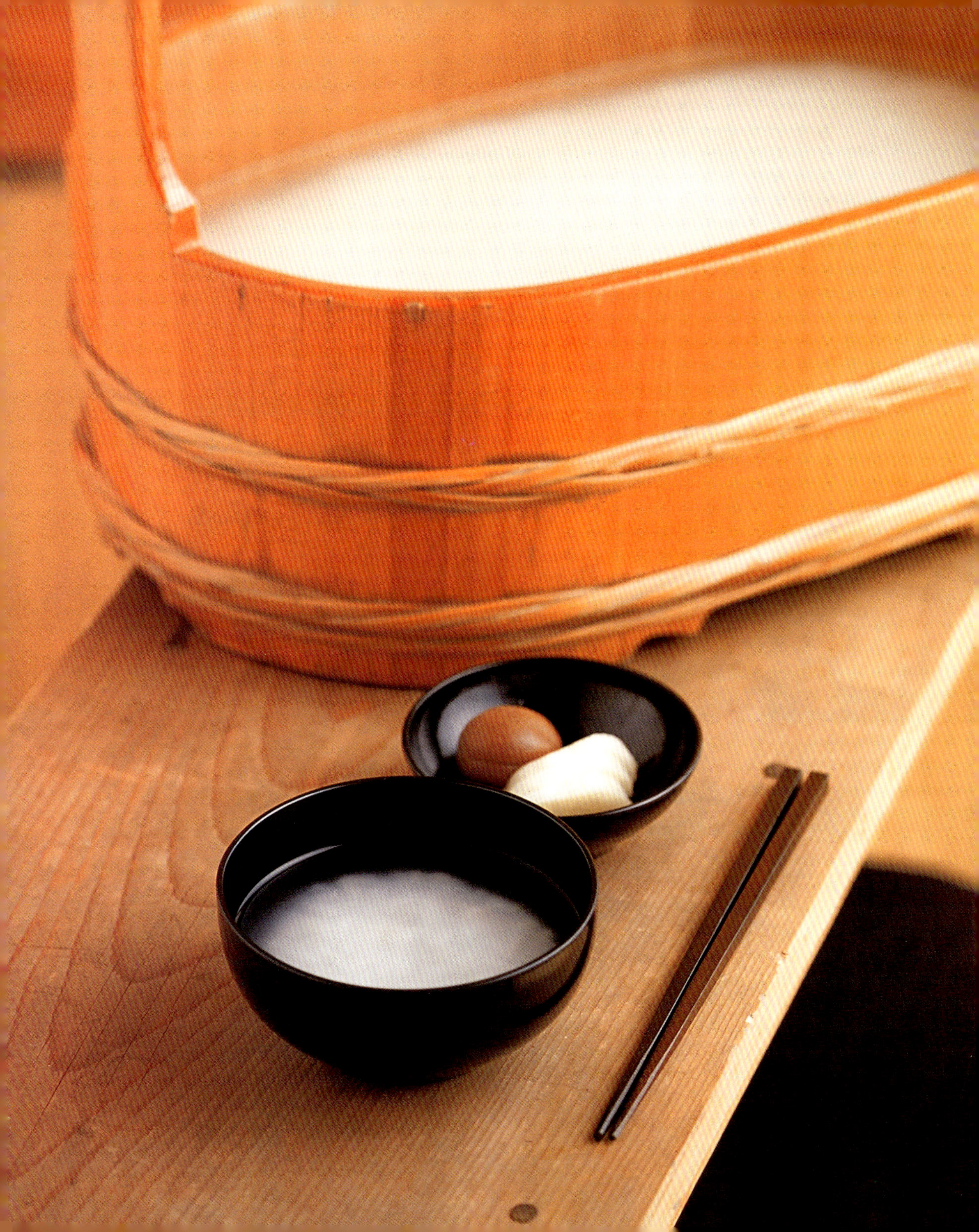

一汤一菜

一汤一菜是指主食米饭加上一种汤和一个菜。这也许会让习惯于饱食的人感到饭食的质与量都很贫乏，但这却是尽享大地恩惠的健康饭食。

无浪费，全部吃干净的心情

素食意味着避开肉食、美食，选择粗茶淡饭，它最初的形态是禅寺僧人所吃的一汤一菜的饭食。具体地说，素食是在主食米饭的基础上，加上一种清汤，一道当季蔬菜制作的炖菜、豆腐或煮豆类的菜，外加一种咸菜，是一种简单的饭食。更明确地说明，可以表示为以下的式子：米饭＋汤＋菜＋咸菜。一汤一菜是寺院素食的正统吃法，现在寺院里的饭食也是以此为基本模式的。

素食中最常用的是当季蔬菜。万物复苏的春季，食用多种充满生命力的新鲜蔬菜，如竹笋、嫩姜等。到了夏天，蔬菜里储存了充足的甘味和水分，如瓜类、玉米等。秋天的茄子不管用什么方法调理都好吃。不使用肉类和鱼类，只是蔬菜类便有各种各样的材料可供选择。

烹调这些蔬菜的具体方法有蒸、煮、油炸等，在规定禅寺各种规矩的《禅苑清规》中记载了被称为"三德六味"的守则。所谓"三德"，其一是"轻软"，即活用原料本来的味道，柔软的材料要保持其柔软性，重视口感；其二是"净洁"，即处理原料要达到洁净的程度；其三是"如法作"，即处理原料要仔细，不能粗糙，保持其鲜活的生命力。所谓"六味"，是指在五种味觉：辛（辣味）、酸（醋）、苦（酱油）、甘（砂糖）、咸（盐）的基础上表现出一种淡味。

寺院素食中值得我们学习的还有不浪费材料这一点。煮取汤汁后的香菇和海带、蔬菜的边角料、甚至淘米水等都可以用来做卷纤汤（用豆腐和香菇等做的汤）。素食讲究要把食材全部吃尽，譬如一棵萝卜要从萝卜缨到萝卜尖全部利用。之所以这么做，是因为只有这样不分部位、不间隔地全部使用，才能够完整地吸收食材全部的生命力。

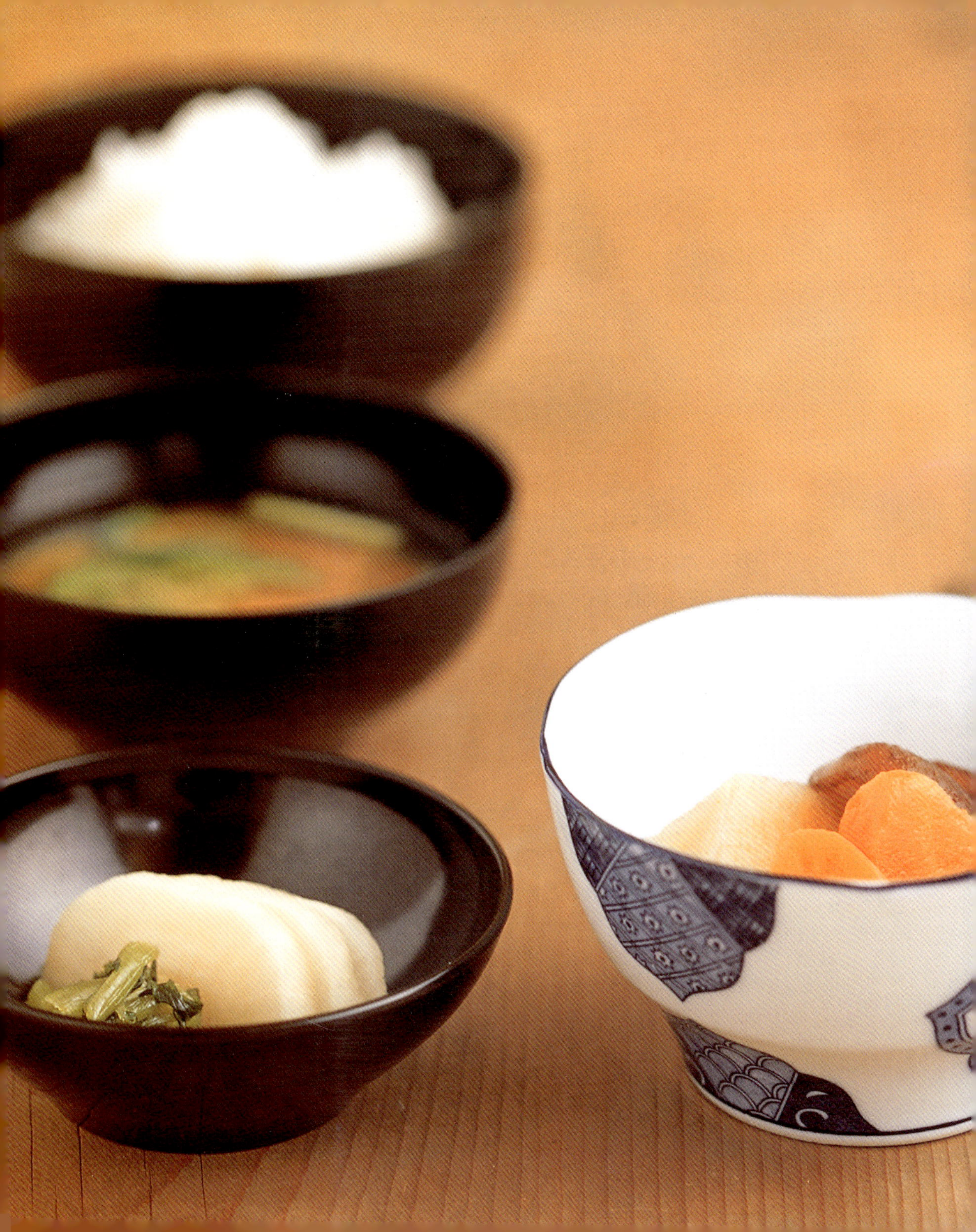

素食的艺术

我们平时吃饭时习惯于热的东西趁热吃，端上来的东西马上吃。但是在禅寺，饭菜做好之后并不是立即就吃。从饭前到饭后，有各种事情要做。

禅寺里的素食之美

在禅寺食用素食是修行，也是艺术。

集合在食堂的僧人们，先要一起合掌诵《般若心经》，再解开包着钵的布包，摆放自己的钵。饭前的准备做好之后，还要从自己的碗里拿出7粒饭粒放在桌子上，这是向饿鬼布施的意思。饭后将米粒收集起来喂鸟和鲤鱼。

吃饭时一定要两手把碗端起来，尽量移到脸前来吃。姿势要采取正座位，如果是在修行期间，要以坐禅的姿势，保持两腿盘起，背部伸直的样子来吃饭。注意不要和别人比较谁吃得多少，也不要像猴子吃东西那样连续地咀嚼。还有，进食时不要发出声音，甚至连咬咸菜的声音也不允许。

饭后收拾碗筷时，应避免发出碗筷相撞的"咔嗒"声，手指的动作要轻柔，静静地收拾。象征布施饿鬼的7粒饭粒也要在饭后收集起来，用于喂鸟或喂鱼。

僧人们每天像这样修行，超越了作法和规矩的范畴，让人们感觉到了某种严格的艺术之美。

不能出声音的"三默堂"

在日本的禅寺中坐禅的禅堂、浴室和食堂被合称为"三默堂"，这是因为在这三处地方是必须保持沉默的。

特别是在食堂，不仅不允许说话，就连吃饭时放置碗筷的声音、咀嚼的声音也是被禁止的。唯一可以出现的只有诵经声。

僧人们的饭食

禅寺的饭食一般只有早饭和午饭两次。早饭一般是稀粥、咸菜和梅干。午饭是最重要的一顿饭，有麦饭、汤和蔬菜等，也有像面条之类的面食。晚饭是当作治疗饥饿感的药物而食用的，只能使用早饭、午饭所剩下的东西烹调。

在家素食

如果在家里烹调出了素食斋饭，但进餐时却很随意，甚至一边看着电视一边进餐，便丧失了素食本来的意义。即使不能做到像禅寺的僧人一样严谨，也请尽可能地做到一部分吧。这样坚持下去，就可以渐渐地理解到禅心的境界了。

①合掌低头

饮食准备好了之后，在就座前要合掌、低头行礼。在合掌的一瞬间，我们能感觉到心变得安稳了，和饭前的忙忙碌碌暂时告别。当然，合掌行礼更是表达了对食物的感谢。

②轮换着端起饭碗、菜碗

平时吃饭时，我们习惯于一手端饭碗，另一只手拿筷子，边挟菜边吃饭。但禅的做法是：吃菜时把菜碗也要端起来，也就是说，要吃哪只碗里的东西，就要把这只碗端起来，饭碗和菜碗轮换着端起来吃。

③不出声音

虽然进食时不出声音是在禅寺的规矩，但在家里也是能够实施的。端正姿势，将碗和筷子举到和嘴同等的高度来进食。要把精力集中在吃饭上，如果一边吃饭一边想其他事情，就会无意识地发出声音。

④不剩饭菜

饭一旦盛到碗里就要吃干净，即使是一粒饭也不要剩下，这是对食物感谢之情的表现。全部很干净地吃完后，心里会产生一种安稳的满足感。

⑤合掌低头

吃完饭后要再次合掌低头。这对于每天忙于工作的人来说，实行起来也许是较为困难的，所以只是在周末或者独自吃饭时做做也是可以的。

75

素食食谱

素食的食谱非常简洁朴素。

使用当季的蔬菜烹调饭食,不使用化学调味品,舌头适应,身体也欢迎。

有些素食的味道是一吃马上能够感觉到其美味,有些则是在吃的过程中隐隐约约体会到它好吃的地方。

芝麻豆腐(凉)

用芝麻末在短时间内就可以做成芝麻豆腐。

材料

芝麻末 150g ~ 200g

葛根粉(或绿豆粉)200g

水 800g

酱油适量

辣根(或芥末)适量

做法

1. 将芝麻末、葛根粉、水按照1:1:4的比例放入盆里,并充分搅拌混匀。
2. 将搅拌好的原料放进锅里,用强火熬约3分钟。为防止其很快凝固,在熬的过程中要不停地用勺子搅拌,同时注意不要糊锅。
3. 待锅中原料凝结成型后,迅速盛到盘子里,自然冷却。
4. 冷却后的芝麻豆腐有类似凉粉的弹性,切成大小适宜的四方块,蘸酱油或芥末酱油食用。

奈良茶饭

奈良茶饭融入了淡淡的茶香和大豆特有的魅力，是寺院里一种稍有些奢侈的饭食。

材料

米 200g
大豆 30g
粗茶 1/4 茶盅
焙制茶（干炒至焦黄色、出香味的绿茶）1/4 茶盅
食盐 1 小匙

做法

1. 用平底锅将大豆稍微炒一下，关掉火。用木板从上往下压挤大豆，使其分为两瓣并脱去豆皮。用扇子将豆皮扇掉，只留下豆瓣。
2. 在水壶里盛5 杯水，烧开后放入粗茶和焙制茶，煮5 分钟左右。
3. 将淘好的米、大豆放入电饭锅，加水时同时加入200ml 茶水。
4. 放入适量的盐，搅拌后将饭蒸熟即可。

菜饭

白色的米饭上映衬着鲜明的绿，有着爽目春色的饭食。

材料
米 200g
嫁菜（又名鸡肠草）一小把
小苏打适量

做法
1. 烧开水，加入适量小苏打水。将嫁菜轻轻烫过后沥去水切碎。嫁菜的代用品可用萝卜叶，洗净切碎后和适量盐一起揉匀。
2. 做好米饭后，乘热放入嫁菜拌匀。用萝卜叶时做法相同。

卷纤汤

卷纤汤的制作没有固定的材料，剩下的蔬菜边角料都可以使用。

材料
萝卜 1/5 根　　　　鸭儿芹（或芹菜）少量
胡萝卜 1/5 根　　　海带的二道汤 4 碗
牛蒡根 1/4 根　　　植物油 1 大匙
大个芋头 1 个　　　淡味酱油 2 大匙
柚子少量　　　　　食盐 1 小匙
　　　　　　　　　甜料酒（或砂糖）1/2 小匙

做法
1. 萝卜和胡萝卜切成小块，牛蒡根切成薄片。
2. 锅中加油，轻炒萝卜块、胡萝卜块和牛蒡根片。稍后加入海带的二道汤，煮沸，待材料变软后放入切好的芋头块，并不断撇去浮沫。
3. 芋头块煮软后，加入甜料酒、盐、酱油，再煮 5 分钟。
4. 盛到碗里，加入鸭儿芹和柚子皮丝即可。

花椒树芽拌竹笋

花椒树芽闪烁着新绿,有韵律的美味装饰着你的一餐。

材料

竹笋 1 小根
花椒树芽 1 把
日本豆酱(或黄酱)1.5 大匙
砂糖 1 小匙
甜料酒 1 大匙
食盐适量
清酒(或黄酒)适量

做法

1. 将竹笋切成适当大小的片,笋皮选能够食用的部分切成细丝。
2. 把切好的竹笋用开水焯一下去除生涩味。
3. 加入甜料酒、食盐、清酒和适量水,煮 5 分钟后捞起挤尽水。
4. 花椒树芽用研钵捣磨,去掉硬梗,加入日本豆酱、甜料酒、砂糖拌匀。如果花椒树芽的香气太强烈,可用开水焯过的菠菜和少量的花椒树芽一起捣磨。
5. 在食用前将煮好的笋片与研好的花椒树芽拌匀,观感和味道都很好。

飞龙头

飞龙头吃起来松软而有韧性，夏天可以包上毛豆，冬天可以放入银杏。

材料

木棉豆腐2块　胡萝卜1根　木耳5个　百合6片
鸡蛋清1个　　淀粉2小匙　生姜适量　酱油适量
山药细末汁（将山药洗净擦成的细末汁）1大匙

做法

1. 在豆腐上放置一定重量的东西，将其中水分挤出。然后放在盆中捣碎。
2. 将胡萝卜和木耳切成短细丝，百合切成小片。
3. 将以上准备的材料与豆腐末、鸡蛋清、淀粉、山药细末汁一起搅拌混匀。
4. 在手上涂上油，将搅拌好的材料分成10等份，并做成圆饼。
5. 将油烧至150℃左右，放入做好的圆饼，慢慢炸7~8分钟，然后提高油温，炸至表面呈金黄色即可。
6. 可以蘸姜汁、酱油趁热食用。

辣蒟蒻（魔芋）块

蒟蒻是一年四季都可以吃到的美味。

材料

蒟蒻 1 块
干香菇 2 个
煮香菇汁 3 大匙
植物油 1 大匙
淡味酱油 2 大匙
甜料酒 1 大匙

做法

1. 用适量水煮香菇，取汁后把香菇捞去。
2. 为使蒟蒻易于入味，用叉子在蒟蒻上多扎些孔，然后切成一口吃一块大小。
3. 锅中加入适量水，放入切好的蒟蒻，煮开后捞出，以去除蒟蒻的生涩味。
4. 将蒟蒻入油锅轻炒后，加入香菇汁、酱油和甜料酒，炒至汤汁熬干。出锅后根据个人口味加入干辣椒丝即可。若放凉后待味道浸透再食用更佳。

姜丝饭

最适合夏天食用的姜丝饭，清爽可口，即使是在没有食欲时也能吃得下去。

材料

大米 200g
生姜 1 片
清酒 1/2 大匙
酱油 1 大匙

做法

1. 将生姜一半擦末，另一半切成细丝。
2. 将米与生姜末、清酒、酱油一起蒸成米饭。
3. 米饭蒸好后，加入姜丝拌匀。

芝麻豆腐（热）

可以随着季节的变化而改变吃法的芝麻豆腐，在冬天食用时可以浇上热汁。

材料

芝麻末 150g～200g 葛根粉（或绿豆粉）200g
水 800g
第一道调味清汤（海带和香菇加适量水煮成）适量
食盐适量
淡味酱油适量
淀粉适量

做法

1. 与凉芝麻豆腐做法的 1～3 步骤相同。在原料将要凝结时将其注入到圆形器具里待其凝固。
2. 凝固后装盘，浇上卤汁。卤汁用第一道调味清汤、盐、酱油和淀粉调制而成，味道要比一般的汤浓一些。

茄子炖苦瓜

天生一对的茄子和苦瓜,是烹调中最完美的组合。

材料
茄子 3 个
苦瓜半个
甜料酒 2 大匙
淡味酱油(或低盐酱油)3 大匙

做法
1. 将茄子切成四段。将苦瓜从中间剖开去籽,切成约 5 毫米厚的片。
2. 将切好的茄子和苦瓜放入油锅一起炒。
3. 加水至能盖住锅内材料,然后用强火煮。变软后加入甜料酒和酱油,再用中火煮 15 分钟左右。出锅放凉后,味道浸透会更好吃。

煮南瓜

飘着淡淡香味的南瓜在沸水中翻滚,渐渐煮出亘古不变的味道。

材料
南瓜 1/2 个
砂糖 2 大匙
淡味酱油 1 大匙

做法
1. 将南瓜切成能够一口吃一块大小。
2. 将切好的南瓜放进锅里,加水至能没过锅内材料为止。加入砂糖,用中火煮 15 分钟左右。
3. 待南瓜煮软后,捞出,加上酱油即可。

芹菜盖菜

芹菜是一种会吃上瘾的蔬菜，作为常备菜其很容易下饭。

材料
芹菜 3 棵
植物油 2 大匙
清酒 4 大匙
淡味酱油 4 大匙

做法
1. 将芹菜梗和芹菜叶一起切成碎末。
2. 在炒勺里加油，将切碎的芹菜入锅稍微炒一下，加入酒和酱油，充分搅拌混合后继续炒。
3. 用强火熬干水分即可。

油炸藕坨

蕴含油炸食物香味的藕坨，如果包上海苔一起炸会更好吃。

材料
藕 1 节　抹茶盐（绿茶粉和食盐）适量

做法
1. 将藕擦成细末，虽然会出一些水分，但最好不要用刀切。
2. 将油烧至 150℃ 左右。
3. 用两个小勺将藕末盘成一口吃一个大小的圆形，放入油锅里炸，漂上来后便是熟了。如果炸 2～3 分钟仍未变成金黄色，可加大火候提高油温。
4. 可撒上抹茶盐趁热吃，也可以待其冷却后做汤。如果包上海苔一起炸便是另一番美味。

膳食一例

在龙源寺，每年 12 月要举行奉祀历代主持的法事。法事时食用的有奈良茶饭、卷纤汤、花椒树芽拌竹笋、五菜拼盘、蒸小芋头。

素食周末

平日里忙于应酬、大鱼大肉的我们，不妨在空闲时过一个素食周末，对自己的身体和心灵进行一次大扫除。一道青菜、一碗白饭、一盏香茶，素心、素口的一餐，就足以让我们疲惫的身心和肠胃获得休息和放松。

食谱1

早餐：粥、咸菜

午餐：面条

晚餐：米饭

　　　卷纤汤（见78页）

　　　飞龙头（见80页）

食谱2

早餐：粥、咸菜

午餐：米饭

　　　芹菜盖菜（见84页）

晚餐：米饭（第一天的剩饭也可以）

　　　飞龙头（见80页）

　　　茄子炖苦瓜（见83页）

身体的大扫除

提起节食，一般人会想到在专家的指导下禁入食物，只能用喝水来抵抗饥饿的艰苦行为。但食用素食却不用承受饥饿之苦。即使每周只一天禁食鱼肉，采用本书中所介绍的以蔬菜为主的食谱，也能达到清理肠胃、修身养性的效果。

素食的烹调没有特殊的规定和方法，如果感兴趣，可以全部自己烹调。没有时间烹饪的人，直接买回来吃也是可以的。

素食中不能使用的食材

- 肉、鱼类
- 鸡蛋
- 动物性油脂（黄油等）
- 大蒜、韭菜等刺激性气味强的东西
- 香辛料
- 化学调味料
- 鲣鱼末、小鱼干

（调制调味清汤时只用海带和香菇）

第五章

禅的智慧

禅的历史

体验过禅意生活的人，无论是身体还是心灵，都会记住禅带给我们的那种置身方外、心如日月的愉悦和空灵。

那么，这种轻松愉快、心无挂碍的禅意生活是从谁开始的呢？禅宗是如何产生的？又是如何从中国走向世界的呢？

从佛祖开悟到"无位的真人"

2500年前，佛祖释迦牟尼在印度佛陀伽耶的菩提树下坐禅开悟，并将其开悟所得的思想精髓传承给弟子。相传，释迦牟尼在灵山会上说法时，手拿一朵花面对大家，一语不发。弟子们面面相觑，不知所以，只有迦叶会心一笑。正所谓因花微笑，因笑开花。一朵花和一个微笑之间，禅就诞生了。在佛祖圆寂后，禅的教诲由佛祖的弟子一代代继承下来。但说起禅宗的初祖，却是释迦牟尼的第28代弟子达摩大师。

达摩大师是将禅带出印度传到中国的第一人。关于达摩大师在中国的故事有各种各样的传说，其中较多为后人传颂的是：大师于公元520年左右到了中国，在嵩山少林寺每天静静地面壁坐禅达九年之久，即所谓的面壁九年。由于常年坐禅，达摩大师的手脚都不会动了。如今日本人在祈祷愿望达成时点睛所用的达摩人形，便是根据达摩大师在少林寺面壁九年的故事制作出来的泥塑。

达摩大师的后继人是慧可禅师，据说慧可禅师到少林寺断臂以明志，才求得了禅的教诲。7世纪后半叶，禅宗弟子慧能禅师被选为六祖，此时禅宗是以数百人规模的弟子在一起集体生活的。到了9世纪中叶，被尊为临济宗宗祖的临济禅师对禅宗的发展产生了很大的影响，有名的《临济录》记载了临济禅师教导弟子们的话语，"无位的真人"（不被地位和名誉所束缚，一个真实的自己）等一些有名的话广为流传。

临济宗和曹洞宗

在 7 世纪的中国各地，诞生了多种具有个性的禅宗流派，其中最为著名，并流传海外的是临济宗和曹洞宗。

据记载，公元 635 年日本的道昭禅师与遣唐使一起到了中国，向二祖慧可禅师的弟子慧满禅师学禅。道昭回到日本后，不仅将禅的思想带到了这个亚洲岛国，还在本国建立了寺院推广坐禅活动。后来荣西禅师从中国带回了禅寺坐禅时为止困醒神用的抹茶（绿茶粉）及其饮用方法，并逐渐发展成为日本著名的茶道。

烦恼与开悟

我们在纷乱的红尘中难免会沾染尘垢，嫉妒、恼怒、欲望、执着困扰着我们，我们想要丢弃这些世俗的烦恼，却找不到合适的垃圾场。

其实何需丢弃，一旦开悟后，这些烦恼都可以像蝉衣一样自动褪掉。禅的智慧就如一股清泉，引导我们走出喧嚣的尘世，回归心灵的纯净与舒展。

体验代替说教

佛教除禅宗以外还有很多宗派。几乎所有的宗教宗派都是依赖用文字和语言写成的佛经来进行宣传和学习的。但禅宗的特征是要求人们亲身体验到释迦牟尼佛祖开悟的过程，从而体会到某些用语言文字不能透彻地表现，甚至根本就无法表现的东西。从这些体验、感受中学取禅的真趣，求得与佛祖同样的佛心佛性，才是禅宗的目的。

达摩大师把禅的这种特征称之为"不立文字"，意思是说，文字和语言的表现力都是有极限的，而体验的力量却是无限的，任何文字都不足以阐述体验所包含的真理。

"直指人心"也是达摩大师留下的表现禅思想的一句话，意思是说：在我们任何人心里都具备佛祖之心。

在禅宗看来，无论是坐禅还是其他修行，其目的是发现自身的佛祖之心，也就是素直无垢的净寂之心。生活于尘世的我们，每日被各种喧嚣、烦恼所困扰，难以一下子呈现无垢之心。但是，只要回想一下自己的婴孩时代，就会发现，那个时候的自己拥有一颗多么纯粹天真、无忧无虑的心。只可惜随着年龄的增长，在生活的不断磨砺中，那颗纯净无垢之心也就变得难以寻见了。

佛教认为，我们所经历的每一件事，都会在心底留下一颗能够产生某种习惯的种子，并蓄积在一个叫做"阿赖耶识"的地方。"阿赖耶识"的种子不断蓄积，就会逐渐形成性格的一部分，影响我们的行为。

在"阿赖耶识"里可以形成如"我"、"自己"之类的概念，产生出强调自我的主张和判断。这种自我意识的活动场所被称为"末那识"。有时"我"的意识过于强烈，就会扰乱我们的心，使我们变得不快乐。比如，同为单身的好朋友突然结了婚，自己会生出"为什么她先于我结了婚呢？"这样的想法，扰乱心神，使我们渐渐失去了原本清静祥和的心。

当我们意识到了这一点之后，不妨坐禅、调息、调心、静静地追求"无"的境地，渐渐地，尘垢被扫弃，我们便能找回净寂的自己了。持续的坐禅，会使我们进入"绝对无"的状态。在这种真正"空"的状态下，我们的心便回到了刚出生的婴儿的状态，也就明白了人性的本质，具有镜子般澄明透亮的心了。

自身中有佛心

当我们处于婴儿般"真正的自己"的状态下时，即使遇上苦难，这个苦难也只是在心中的镜子里映照一下而已，并不能在心里生根。即使这个苦难并未消失，也不会出现"无论如何也要逃离现状的痛苦煎熬"的心态，心里的彷徨也就随之没有了。

如果达到了开悟的境界，蓄积习惯的"阿赖耶识"就会变成映照出素直净寂之心的镜子，欲望、执着、嫉妒、愤怒等所谓的烦恼也就烟消云散了。

当然，我们的心还有可能在今后的生活中沾上尘垢，那时再重新来坐禅就可以了。

柔和的禅语

禅有"不立文字"的说法。

下面与大家分享的这些话，并不是说教的言语，而是一种由体验而得到的悟。

或许我们在某一天遇到烦恼时，会突然想起这些妙极的话语，并从中得到启示。这也是一种禅心。

日日是好日

这句话是在说，每天都是好日子，来的每一天、去的每一天都是愉快幸福的日子。可是，在实际生活中是很难实现这种状况的。例如：天气不好使得我们的心情转坏，也就成了郁闷的一天；在商店买东西时吃了亏，也会觉得这一天运气不好。

其实，"天气不好就不是好日子"、"吃了亏真是倒霉的一天"等想法不过是一些习惯性的概念，如果能够放弃这些概念，平平淡淡地生活，那么无论什么样的一天，也都会变成好日子。

为了过好每一天，我们不妨尝试让自己的心情不受临时发生的一些事情的干扰，以珍重每一个瞬间的心态来面对生活。既不要对已经成为过去的事情念念不忘，也不要对尚未发生的未来忧心忡忡，努力地活在当下便是最好的生活态度。

行亦禅，坐亦禅

提起禅，很多人也许会联想到坐禅。"行亦禅，坐亦禅"这句话的意思是说：禅不仅仅是打坐坐禅，禅的世界很大，行走时、睡眠时、吃饭时，都可以寓禅于日常生活中。

例如，在公司上班时，努力地去工作，心无杂念地专注于做事情，也会在不知不觉间进入无心的状态，从而产生一种有所得的满足感。反之，如果以对什么都无所谓，不愿承担责任的态度去工作，就不会有这种满足感了。

另外，我们还可以培养一些爱好来充实业余生活，最好是做一些能磨练自己意志的事情，或者烹调一道看上去很麻烦的菜肴。此时，集中精力专注在所做的事情上，虽然不是坐禅，却也会意外地收获一份平和清净。

这一切都与禅相通。

看脚下

从字面上理解，"看脚下"的意思是要看脚底下的路。是说走路时如果被周围的景色分散了注意力，或者只看前方的目标，就会忽略了最重要的事——看路，甚至会粗心大意地忘记有被石头绊倒和踩到水洼里的危险。

从引申意义上讲，"脚下"是指我们自身。这句话实际上是在强调：除了我们自身以外，别无他物，我们不应该为外物所累，而是要更多地在意和重视自身存在的真正意义。

一心

"一心"是说对每件事情都要聚精会神地去做。一心不乱指的是注意力集中，不生一丝杂念的状态，其最重要的核心是无论对什么事情都认真努力地去做。这便是禅的境地。

一心一意地埋头去做某事，在最佳状态时内心会涌现出强有力的气魄。在这种状态下所做的事情或制作的东西，都会荡漾着平时绝对显现不出来的力度。

EVERYDAY IS A NICE DAY

本来无一物

这是中国禅宗第六祖慧能的话语，意思是说：一切可执着的事物都不存在。这句话直截了当地表明了禅的真意，广为人们所知。

据说，有一天，五祖弘忍为了选拔继承人，要求弟子们写出表现自己开悟境地的诗。在数百名弟子中被认为最有希望成为后继者的神秀禅师写出了这样的一首诗："身为菩提树，心如明镜台，殷勤常拂拭，莫使惹尘埃。"而慧能禅师则表达了不同的见解，他的诗是："身非菩提树，亦无明镜台，本来无一物，何处惹尘埃。"意思是说：连开悟与烦恼这样的概念也是不存在的，既然是禅的境地，也就无需拂拭尘埃了。这表明了只有否定一切束缚的"本来无一物"的世界才是禅的真意。

行云流水

飘行之云，流动之水，均不会停留在一个固定的地方。与此相同，这个世界上所发生的一切，都是在不断变化中的。"行云流水"就是表现这种无常状态的一句禅语。譬如，现在我们眼前有一支圆珠笔，但它与5分钟前的圆珠笔是不同的东西，因为一切都是不断变化着的。

所以，悲哀的事情也好，懊悔的心情也罢，一切都只是短暂的瞬间。执着于瞬间的停留，使烦恼挥之不去是一件多么奇怪的事情啊！

从执着中把心解放出来，心就可以变得更加自由。"行云流水"这句话告诉我们：要像不断流动的云和水一样，没有任何束缚地、自由地活着。

在日本，僧人又叫做云水，也是源自"行云流水"这句话。僧人们辗转各个地方，求师问道，人们就形象地称他们为云水。

喝

"喝"原指惩戒敌手时发出的感叹,在这里是指禅师对于在修行中误入歧途或执迷不悟的弟子进行启发或使其开悟时发出的喝声。临济宗的宗祖临济禅师多用这种方法。现在人们常说的"大喝一声"便是这个意思。

我们在日常生活中,也可以用"喝"的方法激励自己。当我们的心情郁闷不畅时,不妨试着大声地喊一声"啊——嗨——",或许喊过之后,心情就会变得如万里晴空般愉悦舒畅,并得到前进的勇气。

应有的吧

这句话的意思是:原封不动、不做发挥地接受已经发生的事实,承认现实。

当我们处于困苦、悲哀之中的时候,心里会冒出"为什么会这样"、"不应该这样吧"等念头。这是因为自己的心里预先存在着某种期待或想像,如果发生了有违于期望的事,心情就会变得糟糕起来。其实这样只会让我们的心陷入苦苦挣扎之中,而已发生的现实却丝毫也不会改变。所以,我们应当丢掉期待,承认现实,接受事实本身,而不去追究事实的发生是否合理。

不矫饰、不拔高、不附和他人,素直的自己是最好的。

出尘的体验

在自然怀抱里的禅院参加坐禅会实录

如果被问道:"你去过寺院吗?"大部分人一定会说:"当然去过,旅游的时候经常去呢。"其实寺院并不是用于观光旅游的,其本来的作用就像是一个扎根在当地的私塾馆,为我们提供一处悠然清净、威严清雅的所在。

寺院里的集训生活

通过坐禅寻找真实的自己，食用素食让身心得到净化。虽然这些想法都很吸引人，但每天被忙碌的生活追赶着，对于坐禅难免会有"从明天开始吧"，"下周再说"等各种理由，一次一次地被拖下来。在这种情况下，参加一次坐禅会也许是不错的选择。

这里向大家介绍一下在龙源寺三天的春季坐禅会活动。

活动安排	第一天						第二天											第三天			
时间	13时00分	17时30分	18时30分	19时30分	20时00分	21时00分	5时00分	5时15分	6时00分	7时00分	11时00分	12时00分	13时00分	17时30分	18时30分	19时30分	21时00分	5时15分	6时00分	7时00分	8时30分
活动	集合劳动	药石	止静	开浴	茶礼	解定	开静朝课	止静	粥座	劳动	斋座	止静	劳动	药石	法话	开浴	解定	开静朝课	止静	粥座	劳动 解散

词语解释

开　静　即起床。在僧堂（专用道场）于凌晨 3、4 时起床。

朝　课　即早上诵经。

止　静　即坐禅。初学者可分为两次，两次中间休息 15～20 分钟。

粥　座　即早饭。早饭吃粥和咸菜是禅寺的规矩。

劳　动　即日常要做的事情，主要是指扫除等工作。

斋　座　即午饭。主食面条、挂面之类的面食或者米饭，菜肴就是"一汤一菜"，包括麦饭、汤和蔬菜。

药　石　即晚饭。严格地说，禅寺的饮食基本上是 1 日 2 餐制。晚上肚子饿时，把晚饭看作是治疗饥饿的药物而进食。晚饭基本上是午饭所剩下的东西，也是"一汤一菜"。

法　话　即住持的用通俗易懂的话语讲解有关禅的内容。

开　浴　即入浴。在日月庵有新建的宽敞的浴室供大家愉快地使用。

97

茶　礼　即喝茶的时间。禅寺的茶礼比较频繁，在劳动的中间也要烧一壶茶，大家聚在一起喝茶，营造一种和和睦睦的气氛。

解　定　即就寝。劳动带来的疲劳也会使心情感到顺畅和满足。美美地睡上一觉，不仅可以解除疲劳，也为了明天一天的活动做好准备。

坐禅堂　这里坐禅堂的结构是房间两侧建起高出地板一段的坐禅台，修行者面对面坐禅。夏季举行严格的坐禅会时，把被子和行李等物品放入坐禅台下面的柜子里。睡觉也在坐禅堂里，当然这只限于男性，女性仍然在研修所就寝。

开　板　坐禅会活动的一种信号。起床、开饭等都以这个信号为准。

值　日　值日是坐禅指导人员的工作。从起床、坐禅等活动的说明，到坐禅时给予警策等，值日人员对整个过程进行严格指导。

饭台看　负责盛饭的人员。吃饭时饭台看抬来盛饭用的大木桶、盛着酱汤的汤器和放咸菜的菜器，按顺序给每个人盛饭菜。得到饭菜的人要合掌表示感谢。

天井粥　在寺院素食中，有一种叫做天井粥的稀饭。"天井"的意思是说粥很稀，米粒少，近乎澄明的米汤甚至能照映出屋顶。在禅寺，肚子很饿的时候，允许再添天井粥1～2次。

柝　板　即木梆子。不仅在坐禅的时候，开始吃饭的时候也使用它。僧人们的筷子很大、很粗，这是因为外出托钵化缘时要用筷子来代替柝板。

读　经　坐禅前诵读《般若心经》。记不住也不要紧，经文属于经典，在很多书里都有。

上坐禅台的方法　背对高出地板的坐禅台，先用靠近佛像的那只腿蹬上台子，然后蹬上另一只腿，坐在坐垫上。这是因为如果先用远离佛像的那只腿蹬上台子的话，臀部就会转向佛像，就是对佛祖的不敬了。另外，袜子和手表都要摘掉。

坐禅会心得

舒展身体、放松心情的劳动

　　5月初，新绿遍布的山野一派早春的景象，用白漆木板建成的坐禅堂度过了严峻的冬天，伫立在落叶之中，龙源寺每年开春进行的春季坐禅集训也含有开山迎春之意。这里设有与坐禅堂分开的、用于睡觉和吃饭的研修所，龙源寺的副住持会以和蔼的笑容迎接大家。

　　马上要做的是劳动，打扫约10000平方米的大院子里的落叶。先用竹耙子把落叶耙到一起，堆在院子里，然后点燃它们，落叶便化作烟火，消失在天空中。

　　从屋顶上传来吶喊声："晒被子喽——"。参加集训的有20多人，一个接着一个站好，接连不断地从保存被子的屋子里取出被子，一直传送到屋顶，一床一床地摊开。于是，屋顶被染成了蓝色、红色和橙色，在阳光的照耀下显得柔和舒适。在摊开的被子上打个滚，可以闻到日晒后的香气，今晚就在这柔软的被子里睡个痛快吧。这里的被褥竟有100套，一天晒不完，明天再接着晒。

　　树林里响起了砍伐枯枝的声音，从厨房里传来了锅碗瓢盆相互碰击的"叮当"声，放置了一冬的餐具正在一个大锅里"咕嘟咕嘟"地煮着。在这三天里，要把龙源寺彻底地清扫一遍。看着这些活动，似乎不像春季坐禅会，应该叫"春季劳动会"才对。

　　不计报酬地辛勤忙碌着，所带来的良好感觉扩展到全身。禅不仅仅是指坐禅，劳动也是重要的修行。

　　大家默默地干着活，刚开始时或许多少有些困惑，但当埋头于劳动后便感觉到了其中的乐趣。让身体感觉到泥土的气味和风的声音，心情也就自然而然舒畅起来了。

充分利用，养分到达身体每个角落的饭食

敲击开板的声音响起，晚饭的时间到了。活动了一个下午，肚子饿得咕咕叫了，大家用不太熟练的动作把发下来的钵摆好。在饭堂里严禁说话，连吃饭发出的声音和碗筷碰击的声音也不允许。在一片安静中，饭台看将饭菜盛给每一个人。食谱是"一汤一菜"，大家在紧张的劳动之后，看到食谱未免有些担心：这简单的饭菜能否满足身体需要？在这里精力要集中在吃饭上，既不能看电视也不能说话，让大家感到这段时间是专为吃饭所用的。放入麦粒的米饭柔软而有弹性，吃起来越嚼越香、后味深厚，而味道清淡鲜美的蔬菜也让人真实地体味到来自大地的恩赐。一餐过后，原本对饭菜量不足的担心早已没有了，还会获得一种满足感，头脑里会闪过一个念头：如果每天这样安排饮食，也许能有很好的减肥瘦身效果呢。

万虑皆寂，享受生命的时间

晚饭后，到了坐禅的时间。日西暮垂，人们静静地向禅堂走去。在梆子和敲钟的混合声中，坐禅开始了。暮色从窗口飘了进来，房间里没有任何声音，空气里弥漫着线香的香气，时间似乎停止了一般。手持警策的副住持悄无声息地走来走去。偶尔会有"噼、噼"的声音划破寂静，那是警策打到了谁的肩上。因采用平时不习惯的姿势坐禅，肩部和脖子难免会紧张僵硬。但是当警策打到肩部后，挨打的部位会"忽"地热一下，这是流势良好的血液一下子涌到此处的缘故。顿时，寒冷、酸痛、困倦等感觉一下子就消失得无影无踪。

虽然是否能达到"空"的境地另当别论，即使要做到什么也不考虑，也并非很容易的事情，但的确很意外地体会到奢侈享受的时间了。

早上的坐禅也是很美的，丝丝清凉的空气，好像在洗刷着身体。先不要考虑"空"的事情，心里数着数进行深呼吸，集中精力把藏在体内的不愉快情绪呼出来，直到感觉到身体真正净化了。然后用丹田呼吸一点一点地温暖身体，让柔和优雅的情绪充满整个心田。或许这距开悟的境地还很遥远，但也是度过了一段很有价值、宁静祥和的时间。

进入第二天，参加集训的人们开始熟悉起来，愉快地在一起劳动。大家虽然各自的年龄和职业不尽相同，但却能够自然融洽地在一起谈笑着。相互间的交流也成了一件愉快的事情。

中间休息时有茶礼的时间，喝茶时可以吃用落叶烧烤的红薯。在这种融洽的气氛中大家会想起副住持说过的"禅重和睦"这句话，也开始慢慢理解它的意味了。在平日的生活中，也应该以这样的心态和和睦睦地去做事情啊。

接受警策的方法

坐禅开始后，值日者手持警策在禅堂里来回巡视。如果想受警策，可以合掌来表示。互相合掌行礼之后，两手抱在胸前（或者两手抱肩），低头以接受警策。受警策后仍要合掌行礼。在禅堂，即使没有主动要求受警策，如果出现坐禅姿势不正确或打盹等情况，也会受到强制性的警策拍打。

后记

调和自己，调和生活的《禅意生活》

  作为本书摄影背景的日月庵是为了开发现代人的心灵，是用龙源寺前住持松原泰道和现任住持松原哲明所捐献的版权税等建立起来的。自1975年6月29日开单以来，举行了多次禅研修活动。作者以多年在日月庵举行禅修活动以及在龙源寺举办坐禅会和各种活动所积累的经验为基础，编撰了此书。

  "禅意生活"虽然是本书的主题，但本书的着眼点还是在于照顾因为日常事务繁忙而无法参加坐禅会的人，对在家坐禅的方法进行了详尽的说明。因此，感受生活中的禅，也就是进行调和自己，调和生活的行为，为缓和精神紧张起到一定作用，这是作者真切的想法。本书如果能对大家的生活产生一定的帮助，便是编著者最大的幸福了。

  最后，向在百忙中给予宝贵协作的北里大学的樱井正智先生、写经指导的村上荣美子先生、助手小田美江子君、参加日月庵劳动的人们、帮助本书校正的龙源寺副住持松原行树禅师、热情编辑本书的主妇之友出版社以及以长谷川惠子为首的编辑先生们致以衷心的谢意。

龙源寺

松原信树 副住持